마음을 읽는
소통형 리더가 되기 위한
리더십 공부

김 길 수 지음

가림출판사

'인문학적 사고'에 바탕을 둔 리더십은 다르다

리더십은 조직의 경쟁력이며, 자산이다

모든 조직은 효과적인 리더십에 관해 고민하고 있으며, 이는 조직의 경쟁력을 키울 수 있는 자산이 되고 있다. 그리고 조직에서는 뛰어난 리더를 찾거나 올바른 리더십을 개발하는 일에 많은 시간과 노력을 투자하고 있다. 더구나 급속하게 변하는 시대적 상황 속에서 개인이나 조직 리더십의 중요성은 갈수록 커지고 있다. 개인의 성장은 자신의 리더십을 얼마만큼 스스로 키워나가며 발전시켜 나가는가에 따라 달라지기 때문이다.

조직도 예외는 아니다. 다양하고 복잡한 내·외부 변화에 영향을 받게 되는 조직의 생명력 역시 조직 리더 1인의 개인적인 리더십이나 구성원들의 조직적 리더십 개발이 가장 큰 요인이 되기 때문이다. 더구나 우리 사회는 정보통신기술의 발달과 함께 복잡다단하게 변화하는데다 그 속도 또한 갈수록 빨라지고 있다. 여기서 조직이 살아남고 지속적으로 발전해 가려면 훌륭한 리더십이 절대적인데,

7

한 명의 리더가 전체를 이끌어 가는 리더십보다는 조직의 모든 구성
원들이 함께 이끌어 갈 때 더 강력하고 효과적인 리더십이 발휘될 수
있다.

　다음은 조직에서 구성원 모두의 리더십과 개인 리더십의 영향력
차이를 극명하게 보여주는 최근의 사례이다.
　얼마 전까지만 해도 지하철을 중심으로 흔히 볼 수 있었던 무가지
신문들이 사라졌다. 온라인과 모바일을 전달 수단으로 하는 매체들
이 속속 등장하자 설자리를 잃은 것이다. 언제 어디서나, 이동하면서
도 노트북과 스마트폰으로 뉴스는 물론 다양한 정보들을 실시간으
로 검색하는 세상에 구태여 불편하게 신문을 펼쳐들고 읽어야 하는
지하철 무가신문은 그 경쟁력을 상실한 것이다. 하지만 일찍이 이런
일을 예상한 이가 있었다.
　수년 전 당시 모 무가지를 발행하던 신문사의 H부장은 온라인을
넘어 스마트폰이 등장하자 경영진에게 향후 온라인과 모바일 사업
을 확대, 강화하고 현재와 같은 무가신문 발행사업 비중을 줄여야 하
며, 순차적으로는 접어야 한다고 여러 차례 주장했지만 번번이 그냥
하는 일이나 잘하라는 임원진의 질책성 답변에 낙심하여 포기하고

말았다. 그로부터 불과 2~3년이 채 지나지 않아 그 신문은 물론 대부분의 무가신문사들은 문을 닫고 말았다. H부장은 남들보다 한 발 앞서 변화하는 흐름을 읽고 대응전략을 제시한 리더였지만, 당초 개인 차원이 아니라 전사적 차원에서 공감하고 공론화되었더라면 지금쯤 그 결과는 판이하게 달라질 수도 있지 않았을까? 이처럼 개인보다는 구성원 모두의 리더십은 곧 조직의 생존을 좌우할 수 있는 경쟁력이 되는 셈이다. 그러므로 조직의 리더십 개발에 노력과 투자는 당연히 계속되어야 한다.

그러면 개인의 성장과 조직의 지속발전을 가능케 하는 참다운 리더는 어떤 사람일까? 여러 가지 덕목을 들 수 있겠으나 무엇보다도 진정한 리더는 사람의 마음을 움직일 수 있어야 한다. 사람의 마음을 움직여야 행동에 긍정적 변화를 가져오고 생산적인 결과를 낳기 때문이다. 마음을 움직이지 못하면 제대로 된 리더십을 발휘할 수 없다. 그러기 위해서는 무엇보다 먼저 리더 스스로 자신을 알고, 자신의 마음을 잘 다스려 올바른 행동으로 실천할 수 있어야 한다. 그러고 나서 구성원들의 마음을 움직일 수 있도록 영향력을 발휘해야 한다. 즉 조직 내에서 효과적인 리더십을 발휘하기 위해서는 나를 비롯한 사람, 즉 인간에 대해 제대로 알아야 한다는 것이다. 결국 인간에 대한 본질적이고 기본적인 이해가 부족한 리더는 효과적인 리더십을 발휘하지 못한다.

인문학의 중심에는 사람이 있다

최근 인문학의 열풍이 거세게 일고 있다. 개인이나 조직 차원에서도 인문학에 대한 관심이 높아지고 있고, 시대변화의 한 트렌드로 자리 잡고 있을 정도다. 인문학은 인간의 사상 및 문화를 대상으로 하는 학문영역으로, 인문학을 통해 인간의 가치를 이해하고 인간의 본질을 깨닫게 하는 학문이다. 즉 인문학의 중심에는 '사람'이 있다. 인문학적 사고란 인간과 자연, 인간과 인간, 인간과 사회, 인간과 우주와의 관계를 이해하기 위해 분석적이고 비판적이며 사변적인 방법을 폭넓게 사용하는 사고를 말한다. 즉 전체적인 안목을 전제로 하여 합리적이고 윤리적인 판단을 위한 과정을 거쳐 새로운 지혜를 얻고자 하는 사고의 과정을 말한다.

이런 인문학이 사회적으로 열풍을 일으키고 있는 이유는 무엇일까? 지금까지 우리 사회는 산업발전에 초점을 맞추어 과학기술 중심의 교육 덕분에 급속한 경제발전을 이룩해 온 것은 사실이다. 그러나 현대사회는 경제 발전에 반해 세대별, 지역별, 성별, 직종별 등 계층간 다양한 갈등과 대립으로 사회적 불안감은 날로 커지며 지속적인 경제발전에도 걸림돌로 작용하고 있다. 이러한 현상은 인간을 산업발전을 위한 도구나 수단 정도로 취급하면서, 인간의 존엄성을 무시한 기술 중심의 발전이 한계에 봉착되었다는 것을 알려주고 있는 것이다.

혹자들은 긍정적 가치관이 사라져가는 요즘의 사회적 분위기를 두고 '동도(東道)는 사라지고 서기(西器)만 남아 있는 사회'라고 표현한다. 즉 동양의 인본주의 유교사상은 사라지고 서양의 기술만 중시하는 사회가 되어간다는 의미를 표현한 것이다. 동도서기(東道西器)는 조선말 개화기에 일부 개화론자들이 동양의 정신[道]을 근간으로 하고, 서양의 기술[器]을 채용하여 개화를 이룩하고자 한 사상이다. 결국 개인이나 조직 등 많은 사람들이 인문학에 관심을 보이는 것은 현 사회가 정신과 기술의 균형이 깨져 있음을 의미하는 것이다.

이제는 달라져야 한다. 인간을 경제발전의 도구나 수단으로 취급할 것이 아니라 전인(全人)적 인격체로 예우하는 조직 문화로 거듭나야 한다. 전인적 패러다임으로 변화해야 한다는 것이다. 조직의 중심은 극소수의 경영자가 아니라 다수의 구성원들이기 때문이다. 다시금 사람이 중심이 되어야 한다. 조직이 미래사회에서도 살아남아 계속 성장해 가려면 인간에 대한 올바른 이해와 가치를 인정하고, 인간 내면의 잠재력을 적극 활용할 수 있어야만 가능하다.

융합과 창조의 시대, 새로운 리더십을 요구한다

현대사회를 융합, 창조의 시대라고 한다. 특히 인문학은 융합과 창조의 기반이 되는 학문이다. 따라서 조직의 성장을 위해서는 사람 중심의 인문학적 통찰력을 가져야 한다.

개인과 조직, 사회적 차원에서 리더십의 중요성이 부각되면서부터 지금까지 리더십에 대한 이론적 연구가 많이 진행되어 왔다. 그럼에도 불구하고 조직 내에서는 아직도 새로운 리더십에 대한 갈증을 호소하고 있다. 이는 기존의 전통적 리더십 이론만 가지고는 융합과 창조를 요구하는 시대에, 개인과 조직의 리더십을 설명하고 개발하는 데에는 한계가 있다는 것을 의미한다.

'새 술은 새 부대에 담아야 한다'는 말처럼, 새로운 시대에는 새로운 리더십이 요구되기 때문이다. 그러나 그동안의 전통적인 리더십 이론의 영향력을 무시하는 건 아니지만 필자가 생각하는 새로운 리더십의 개념은 다르다. 지금은 물론 우리 사회의 미래발전에 중요한 '새로운 리더십의 개념'은 지금까지 연구되어 온 모든 리더십 이론들을 잘 녹이고 더 발전시켜 현장에서 활용될 수 있는 '실용적 리더십 이론'이어야 한다고 생각한다.

홀리스틱 리더십은 접근이 다르다

나는 과거 기업에서 HRD 업무를 담당하면서 항상 고민에 빠져 있던 것이 한 가지 있었다. 그것은 조직의 혁신적인 변화를 위해 돈과 시간을 투자하여 리더들을 대상으로 리더십 교육을 하고 나면, 그 교육 내용이 현장에 잘 접목이 되지 않는다는 것이었다. 물론 연수원에서 교육을 마친 후 실시하는 설문조사 결과는 만족도가 높게 나타난다. 그러나 몇 달이 지난 후 현장에 가서 인터뷰를 해 보면, 일부 리더들을 제외하고는 대부분의 리더들은 교육 내용에 대한 기억이 별로 남아 있지 않다는 것을 알게 되었다. 때문에 항상 어떻게 하면 리더십 이론들을 현장에 잘 접목시킬 수 있을까를 고민해 왔었다. 교육을 통해 배운 이론과 현장 사이에 공백이 있다는 것을 감지하기 시작했고, 그 공백을 무엇으로, 어떻게 채워야 하는지 해결하기 위해 나름 많은 기간을 고심했었다. 어쩌면 지금도 여러 기업의 HRD 담당 부서현장에서는 똑같은 고민을 하고 있을 것이다.

2004년 어느 날이었다. 좀 더 미래 지향적이고 실용적인 리더십 이론 개발의 필요성에 대한 열의를 가지고 '입체사고'에 대한 공부를 하게 되었다. 그 과정에서 중요한 비밀 하나를 알게 되었다. 역시 리더십의 중심은 사람이었고, 사람들의 생각하는 방법에 따라 다른 결과를 나타낸다는 것이었다. 즉 인간이 어떤 사물과 현상을 담아낼 때 그 사람의 '사고의 틀'에 따라 각각 다르게 해석한다는 것을 알게 되었다. 신선한 충격을 받았다. 그때부터 인간의 '사고의 틀'에 대한 관심을 가지고 학문적 탐구를 시작했고, 그 이론들을 가정에서, 조직에서, 비즈니스 현장에서 실제 적용해 보면서 10여 년의 세월이 지났다.

이제야 기존의 전통적인 리더십 이론들이 왜 현장에서 적용되는 것이 어려웠는지 알게 되었다. 예를 들어 인간관계 스킬을 이론적으로 배워 현장에서 실천하려고 하면 잘 안 되는 경우가 흔하다. 이처럼 이론과 현장과의 괴리가 발생하는 주된 원인은 사람들이 자신의 '사고의 틀'에 대한 스스로의 인식이 부족했기 때문이다.

리더십은 학습에 의해 개발된다. 예컨대, 앞서 언급한 전통적 리더십에 대한 배움을 학(學)이라고 하고, 배운 것을 현장에 적용하는 것을 습(習)이라고 한다면, '학'이 '습'으로 가는 과정에는 인간의 '사고의 틀'에 따라 다른 결과가 행동으로 표현될 수 있다는 것을 알게 되었다. 다시 말해 인간의 '사고의 틀'이 리더십 이론을 실행하는 데 필요조건이 되는 것이고, 그 조건에 따라 이론을 적용하는 정도와 방법이 달라질 수 있다는 것이다.

　사실 그동안의 전통적 리더십에서는 융합과 창조를 만들어 갈 수 있는 '사고의 틀'에 대한 인식이 없었다. 그러다 보니 조직의 리더들은 유행에 따라 새로운 옷으로 갈아입듯이 새롭게 등장하는 리더십을 따라가기 바빴고, 다양한 리더십 가운데 올바른 리더십을 찾아내 지속적으로 조직을 이끌어 가는 데는 역부족이었다. 따라서 '융합과 창조의 시대에 맞는 새로운 리더십'이 필요한 시점이다. 그래서 이 책을 통해 융합과 창조의 기반이 되는 '인문학적 사고'를 전제로 하여 전체를 아우를 수 있고, 그것을 융합하고 창조할 수 있는 홀리스틱 리더십 이론을 소개하고자 한다.

　홀리스틱(holistic)은 그리스어의 '홀로스(holos : 전체)'를 어원으로 '전체론적인'의 의미를 가지고 있다. 이 책에서는 생각을 바꾸기 전에 '생각의 틀'을 바꾸라고 강조한다. 그래서 물고기를 잡아다 주기를 기다리지 말고, 시대 변화에 따른 다양한 상황을 담아낼 수 있는 '인문학적 사고의 틀'을 통해 물고기 잡는 법을 익히라고 주장한다. 이 책에서 소개하는 홀리스틱 리더십 이론은 필자가 이미 박사학위 논문을 통해 홀리스틱 리더십 이론이 개발되는 과정을 밝힌 자료를 근거삼아 조직의 상황에 맞게 새롭게 구성한 것이다.

홀리스틱 리더십이 최근처럼 혼란스러운 사회적 환경으로 인해 가중되어 가는 조직 구성원들의 불안감을 해소시키고, 조직의 창조적인 변화를 주도해 갈 수 있는 계기가 될 것이라고 확신한다.

이 책의 내용은 홀리스틱 리더십이 조직에서 실현되어야 하는 근본적인 이유를 제시하고, 누구나 학습에 의해 홀리스틱 리더십을 개발할 수 있도록 이론과 실천방법에 대해 소개하고 있다. 전체 3부 중, 먼저 1부에서는 현재 조직에서 나타나고 있는 불안전한 실태를 사례와 더불어 소개하면서 그 심각함과 함께 변화의 필요성을 어필하였고, 앞으로 다가올 위기를 극복할 수 있는 방법을 제시하였다. 2부에서는 홀리스틱 리더십의 이론적 정의와 핵심요인에 대한 내용을 사례와 더불어 소개하고 있다. 마지막 3부에서는 홀리스틱적인 관점에서 리더 개인과 조직과 사회적 차원을 통합하여 홀리스틱 리더로 거듭나기 위한 여섯 가지 조건에 대해 소개했다.

모쪼록 이 책 한 권이 조직의 리더인 개인의 삶의 질을 바꾸고, 조직의 혁신적인 변화를 가져올 수 있다면 더 없이 좋겠다. 개인이 바뀌고 조직이 변하면 사회가 바뀌게 된다. 홀리스틱 리더십을 토대로 모두가 밝은 세상을 만들어 갈 수 있는 희망의 불씨가 되길 바란다.

끝으로 인생을 살아가면서 '나'라는 한 사람으로서의 역량과 존재 가치를 성찰하게 하고, 미뤄두었던 학문탐구에 불씨를 제공해 주신 임광운 원장님께 감사의 말씀을 드린다. 50년의 인생을 살아 왔지만 임 원장님으로부터 받은 신선한 충격으로 인해 '나'라는 존재에 대해 조금씩 알아가고 있다. 그리고 항상 따뜻한 마음으로 삶에 대한 진지한 대화를 통해 나의 생각에 넓이와 깊이를 더하게 해 주신 강찬석 박사님과 정영준 대표님께도 감사의 말씀을 드린다.

향기 나는 공간에서

김길수

CONTENTS

03 홀리스틱 리더로 거듭나기 위한 조건을 갖춰라

나는 무대에서 인생의 모든 것을 배웠다.
막이 오르면 연기는 배우에게 맡겨야 한다.
그렇지 못하면 배우는 성장하지 못하고 연극은 망한다.
기업도 마찬가지다.
막이 오르면 경영자는 사원이라는 배우에게 모든 걸 맡겨야 한다.
사원 스스로가 감동해 열심히 하지 않으면 기업은 성장하지 못한다.
– 야마다 아키오 ≪야마다 사장 샐러리맨의 천국을 만들다≫

01

새로운
매뉴얼로
조직을
재정비하라

가치관을 도둑맞은 조직은
양심을 팔아먹는다

최근 모 제과회사 임직원들에게 징역형이 구형되었다. 검찰은 함께 기소된 제과 법인에게도 벌금 5천만 원을 선고해줄 것을 재판부에 요청했다고 한다. 식중독 원인균이 검출된 과자류를 시중에 유통한 혐의 때문이다.

이전에도 심심찮게 제과회사들의 부조리한 일들이 있었지만 이번처럼 임직원들에게 실형을 구형한 경우는 다소 이례적인 일이라 그 사유를 유심히 살펴보았다. 문제가 된 과자류는 주로 어린이들이 먹는 것으로 회사는 장기간에 걸쳐 수십억 원어치나 판매해 왔다는 것이다. 더구나 품질검사에서 판매 부적합으로 나온 제품임을 알았으나 보건당국에 보고도 하지 않고 아이들에게 팔아온 것으로 드러났다. 실제 이 제품들 중 일부에선 기준치의 280배에 해당하는 세균이 검출되었다고 한다.

결국 아이들의 건강에 해로운 과자인줄 알고도 오랫동안 팔아 돈을 벌어 왔다는 이야기인데 이런 어이없는 일이 생기는 근본 원인은 무엇일까? 단편적으로 보면 영리를 목적으로 하는 기업 조직이니 우선 돈을 벌려는 목적으로 그랬다고 볼 수 있지만, 그 이면 즉 그에 앞서 해당 제과회사 임직원들의 사고와 행동방식을 통제하고 지배하는 공동의 가치관이 무너져 있기 때문이라고 볼 수 있다.

우리 사회에서 가치관이 붕괴해 가는 현상은 개인은 물론 기업과 같은 단체조직과 가정에도 심각한 문제를 불러오고 있다.

가정 역시 함께 아이들을 기르며 집안을 꾸려가야 한다는 부부 공동의 가치관이 희박해지며 사회적인 문제가 되고 있다. 맞벌이 부부가 많아짐에 따라 서로 바쁘다는 이유로 아이가 방치되는 일이 벌어지곤 한다. 육아를 비롯한 크고 작은 집안일들을 부부가 서로 상대방에게 미루는 등 점차 가정에서도 리더십이 사라지고 있다.

부모이기 때문에 아이를 공동으로 책임져야 하는 것처럼 조직 내에서도 고용주와 근로자 모두가 함께 사회적 가치를 실현하는데 공동의 책임을 가져야 한다. 가정, 조직 내에서 가치관이 희박하거나 사라질 경우 리더십 상실의 원인으로 이어진다. 공동의 이익을 실현하려는 긍정적 가치관 없이 자신만의 탐욕으로 눈이 멀어 살아가는 사람들은 사회적 관심으로부터 멀어질 수밖에 없다. 마찬가지로 가치관이 상실된 조직은 고객으로부디 홀대받게 되고 결국 시장에서 밀려나며 경영에 직접적인 악영향을 미치게 된다.

가치관이란 인간이 살아가면서 무엇이 옳고, 바람직한 것인지를 판단하는 관점을 말하며, 자신의 정체성을 결정하는 기준이라고도 해석된다. 마찬가지로 조직에서도 그 정체성을 결정하는 것이 바로 조직의 가치관이다.

최근 가치관이 사라지고 있는 조직에서 공통적으로 나타나는 현상을 보면 크게 세 가지로 정리해 볼 수 있다. 첫째, 과거에 비해 애사심이 사라지고 있다는 것이다. 자기가 근무하는 회사를 사랑하는 마음이 사라진 조직은 적당주의가 만연하게 된다. 우스개 소리로 이런 조직의 고용주는 직원들이 그만두지 않을 정도만 월급을 주고, 직원들은 잘리지 않을 만큼만 일하는 이상한 기류가 균형을 이루고 있다고 한다. 적당주의가 만연되어 있는 조직은 창의성이 없는 조직이다. 결국 창의성이 없는 조직은 시대변화를 주도할 수 없고 서서히 도태되는 것은 너무나도 당연하다.

둘째, 가치관이 줄어드는 만큼 그 조직의 구성원들은 자기중심적인 이기적 사고방식이 커진다. 즉 자신의 이익만을 고집하게 됨으로써 조직의 팀워크가 사라지게 되고 나아가 공동체 의식이 결여된다. 조직 내에서의 이기심은 구성원들 간의 시기와 질투 그리고 경계의 대상이 되기 때문에 조직이 원하는 방향으로 함께 갈 수가 없게 되는 것이다.

이는 팀 스포츠에서도 마찬가지로 적용된다. 축구가 그 좋은 예다. 개인기가 좋다고 서로 각자의 실력만 뽐내다 보면 혼자서 골은 넣을 수 있을지 모르지만 경기에서 승리하기는 힘들다. '공격이 강한 팀은 골을 넣지만 수비가 강한 팀은 승리를 한다'는 말은 무릇 축구를 비롯한 단체 스포츠에서 정설로 통한다. 무엇보다 경기에서 승리하려면 공격과 수비의 조화가 필요하다. 더구나 모래알 같은 조직력을 가진 팀이라면 상대팀이 기습을 하면 속수무책으로 당할 수밖에 없다. 맨체스터 유나이티드에 수많은 우승 트로피를 안겨주며 세계 최고의 명문 축구클럽으로 성장시킨 명장 알렉스 퍼거슨 전 감독이 남긴 '팀보다 위대한 선수는 없다'는 명언처럼 축구도, 기업도 조직력 강한 팀으로 모두 함께 할 때 승리할 수 있는 것이다.

셋째, 마지막으로 가치관이 사라지고 있는 조직의 또 다른 특징 중 하나는 조직의 구성원들은 위기가 왔을 때 조직을 배신할 수 있다는 것이다. 즉 자신의 이익과 생존을 위해서는 양심을 저버리는 일에 거리낌이 없다. 인간이 양심을 지키지 못하면 조직 내에서의 직무유기는 물론이고, 경쟁사에 조직의 중요한 정보를 유출하는 대형 사고를 치기도 한다. 최근 사회적으로 문제가 되고 있는 정보유출 사건들은 주로 조직 내부자에 의한 소행으로 산업스파이와 연계하여 조직의 경영악화를 넘어 국가 경제에 큰 타격을 주는 사례를 심심찮게 볼 수 있다.

이렇게 나타나고 있는 사회적 문제들은 인간이 살아가면서 긍정적 가치관이 왜 중요한지를 반증해 주고 있다. 기업을 대표하고 책임지는 경영자 역시 이러한 최소한의 양심과 도덕적 가치관도 없이 경영을 하게 되면 모든 피해는 고스란히 고객에게 돌아간다. 이미 우리는 과거의 삼풍백화점 사건, 성수대교 붕괴 등 모두가 양심을 저

버린 사람들 때문에 죄 없는 사람들이 목숨을 잃어야 하는 말도 안 되는 일들을 경험했다. 그런 일을 겪고도 여전히 우리 사회에는 양심을 버리고 자신만의 이익을 위해 살아가는 사람들과 조직들이 존재한다. 최근의 세월호 사고에서도 많은 사람들이 갇힌 배는 바다 속으로 침몰하고 있는데, 맨 마지막에 나와야 할 선장이라는 사람이 가장 먼저 도망을 나오는 어이없는 상황을 보면서 우리 사회 전반에 걸쳐 가치관에 대한 재점검이 절실하다는 생각이 들었다.

하지만 이렇게 양심을 팔아먹고 살아가는 사람들이 있는 반면 분명한 가치관을 가지고 자신의 역할을 다하는 사람들도 많다. 북한의 천안함 격침사건 때에 후배 전우들의 목숨을 구하기 위해 자신의 희생을 주저하지 않았던 한주호 준위의 고귀한 사명의식은 우리 사회에 큰 교훈을 주었다. 한 준위는 군인으로서 지켜야 할 확고한 가치관을 가지고 있으며 이를 실천하는 사람이라는 것을 몸소 보여준 훌륭한 군인이다.

결국 가치관이 사라지는 현상은 조직 발전에 치명적인 저해요인이 되기 때문에, 조직 활성화 차원에서 가장 시급한 것이 바로 경영자와 구성원들 모두가 긍정적 가치관으로 재무장되어야 한다는 것이다. 이를 위해선 먼저 구성원 개개인의 가치관을 정립한 다음 기업의 핵심 가치에 대한 정의가 있어야 한다. 그렇게 정립된 가치관을 토대로 그 위에 구성원들과 조직의 가치관을 통합하는 과정을 거쳐 다시 고객 지향적 핵심가치로 압축하고, 이를 최종적인 고객과의

1장 새로운 매뉴얼로 조직을 재정비하라

약속으로 만들어 밖으로 표현해야 한다. 이것이 곧 조직의 활성화를 가능케 하고 개인과 조직은 물론 사회적 가치를 실현하게 한다. 그렇게 형성된 긍정적 가치관을 가진 기업은 고객의 마음을 움직일 것이고 모두가 상생하는 사회를 만들어 가게 될 것이다.

그러나 조직이 긍정적 가치관을 가지고 있다 하더라도 이것이 실현되기까지는 경영자의 솔선수범이 우선되어야 한다. 밖으로는 가치 중심의 경영을 외치면서 속으로는 온갖 비도덕적인 행동을 하는 경영자라면 구성원들의 마음을 움직일 수 없게 되고 그 조직에 대한 고객의 관심도 멀어지기 마련이다.

리더는 먼저 자신이 본보이는 것을 시작으로 대중의 마음을 움직일 수 있어야 한다. 본보인다는 것은 남들이 보는 앞에서만 흉내 내는 것이 아니라, 어떤 혼란과 역경을 겪더라도 본인의 가치관에 따라 신념을 가지고 그대로 실천하는 것을 의미한다. 만약 은행에서 많은 돈을 빌렸는데 전쟁이 나서 은행 장부가 불에 타서 자신이 돈을 빌렸다는 기록이 사라졌다면 당신은 어떻게 할 것인가? 비교적 양심적인 사람이라도 한순간 '돈을 갚을까 말까'하며 엇갈리는 심정이 들기도 할 것이다. 그럴 때조차 고민하지 않고 분명하게 판단할 수 있는 기준이 있어 올바르게 행동할 수 있게 만드는, 바로 그 기준이 되는 것이 가치관이다.

한국유리의 창업자 최태섭 회장이 은행에서 돈을 빌렸다가 전쟁 중에도 돈을 갚은 일화는 그의 인간 됨됨이를 전하기에 충분하다. 그는

6·25 전쟁 중 중공군이 쳐들어온다는 소식에 모두가 황급히 피난을 떠나는 혼란 속에서 장부를 불태우고 있던 은행직원을 찾아 자신이 빌린 돈을 갚았다. 그런 사실이 뒤늦게 알려지고 은행가에 소문이 났다. 시간이 지나 최태섭 회장은 제주도에서 국군에 생선을 납품하는 원양어업을 할 수 있는 기회를 얻었다. 큰돈이 필요했다. 마침 돈을 갚았던 은행에 다시 돈을 빌려보자는 마음으로 찾아갔다. 은행장은 최 회장이 아무런 보증도 할 수 없는 입장임을 알고 처음에는 거절하였다. 그러나 얘기 중에 자신이 한창 전쟁 중이던 서울에서 갚은 돈이 잘 입금되었는지를 확인해 달라는 요청에 서류를 살펴 보던 은행장은 최태섭 회장을 알아보고 깜짝 놀라면서 그를 전적으로 신뢰하고는 거액을 선뜻 대출해주었다고 한다. 그의 정직함이 은행장의 마음을 움직인 것이다.

리더의 솔선수범은 부패한 나라를 멸망시키고 새로운 국가를 탄생케 하는 원동력이 되기도 한다. 기원전 16세기 무렵의 중국 고대왕조였던 은(殷)나라의 마지막 왕은 주지육림(酒池肉林)과 온갖 악행으로 유명한 주(紂)왕으로, 그를 죽이고 중국 천하를 주(周)나라 아래에 두기 시작한 건 무(武)왕이었다. 하지만 이는 사실 무왕의 힘이라기보다는 아버지 문(文)왕의 능력과 인품 때문에 가능한 일이었다.

주왕은 자신이 다스리는 지방의 일개 제후에 불과한 문왕이 훌륭하고 인자한 성품으로 명성이 자자하며 그를 따르는 이들이 늘어나자 감금시켜 버렸다. 이에 그치지 않고 주왕은 그의 맏아들을 살해한 다음 그 뼈로 만든 곰탕을 마시게 하는 등 문왕은 온갖 수모와 고초를 겪어야 했다. 그

1장 새로운 매뉴얼로 조직을 재정비하라

러다 그를 진정한 왕으로 받들며 존경하는 신하들이 주왕에게 많은 돈을 선물한 덕분에 간신히 풀려난 문왕은 주왕에게 오히려 놀라운 승부수를 던졌다. 자신이 가진 땅 중에 주왕이 가장 탐을 내던 땅을 바치는 대신 극형인 포락(炮烙, 기름 바른 구리기둥을 불타는 숯불에 올려놓고 그 위를 사람들을 걷게 하여 미끄러져 불에 타 죽게 하는 형벌)을 금지해 달라고 청했다. 그 땅에 욕심이 많았던 주왕은 약속을 했고 이로써 천하의 대세는 급격히 문왕에게 기울게 되었다. 즉 문왕은 자신에게 가장 소중한 것을 기꺼이 내어주는 대신 만백성들의 민심을 또 한 번 사로잡은 것이다. 이후 스스로 문왕의 신하를 자처하며 복종하는 제후국이 40여 개에 달하며 은나라의 땅 2/3가 그의 세력 아래에 놓이게 되었고, 이에 힘입어 훗날 그의 아들 무왕이 주왕을 죽이고 천하를 주나라가 지배하게 되었다.

이렇듯 높은 도덕성, 깊은 인간애, 놀라운 용기와 인내심, 혜안의 통찰력 등을 가진 진정한 리더들의 선한 본보임은 조직 구성원들로부터 긍정적 가치 실현의 중요성을 일깨워 주게 되어 조직 활성화에 원동력이 되고, 개인과 조직의 가치관을 고객을 향한 가치로 실천하게 한다. 이는 곧 사회적 가치로 확장되며 개인, 조직 및 사회 모두가 상생하는 고무적인 결과를 낳게 되는 것이다.

겉과 속이 다른 조직은
신뢰감을 잃게 된다

　강태공은 은나라를 무너뜨린 문왕과 무왕의 스승이자 탁월한 전략가로 그의 지혜는 수천 년이 흐른 오늘날에도 교훈적이다. 그런 그도 일찍이 겉과 속이 다른 인간을 골라내기 위해 꽤나 고심했던 것 같다. 강태공은 아예 무왕에게 다음과 같은 8가지 인물 감정법을 구체적으로 일러주었다고 한다.

　1) 질문하여 응답하는 모양이나 내용을 관찰한다.
　2) 잇따른 질문으로 상대의 감정 변화를 살핀다.
　3) 은밀히 일상생활을 추적하여 평소의 성실성을 확인한다.
　4) 마음속 솔직한 대답을 유도하여 인품을 판단한다.
　5) 금전에 관련된 일을 맡겨보아 청렴성을 파악한다.
　6) 여자로 유혹하여 정결함을 측정한다.

7) 갑자기 위험이 닥쳤다고 알리며 용기를 관찰한다.

8) 술을 먹인 다음, 그 취한 모습을 관찰한다.

특히 왕의 입장에선 나라의 지도자로 발탁하려는 인물 평가에 신중할 수밖에 없었을 것이다. 이처럼 예나 지금이나 겉과 속이 다른 사람들은 주변인들로부터 신뢰를 얻을 수 없어 지도자로는 부적합하다. 신뢰는 개인적 차원을 넘어 조직적 차원에서도 경영 성과에 직결되어 있기 때문에 매우 중요한 가치 중 하나이다.

최근 기업들은 경영 활성화를 위해 다각도로 변화를 시도하고 있다. 그러나 아직까지는 과도기의 혼란스러움을 극복하지 못하고 있는 실정이다. 외부로는 변화를 시도하고 있지만, 내부적으로는 여전히 과거의 관행을 버리지 못하는, 겉과 속이 다른 변화 과정을 겪으면서 또 다른 고민에 빠져 있는 것이 현실이다. 물론 당연히 시행착오가 있을 수 있다. 건강한 시행착오는 또 다른 성장의 발판이 될 수 있고 그런 조직은 성장할 수밖에 없다. 그러나 변화를 자신하면서 과거의 관행을 버리지 못하고 겉과 속이 다른 진정성 없는 변화를 지속해 가는 조직은 변화가 곧 조직의 혼란을 야기할 수 있으며 그로 인해 성장의 방향도 역행할 가능성이 높다.

최근 겉과 속이 다른 어설픈 변화를 해 나가는 조직들의 사례를 보면 다음의 세 가지 정도로 특징을 나타낸다.

첫째, 효율적인 의사소통을 통해 창의적인 조직 문화를 만들어 보려는 노력으로 기업들은 수직적 조직 구조에서 수평적 조직 구조로 체제변화를 시도한다는 점이다. 그래서 어떤 기업은 호칭을 통일하기도 하고, 칸막이도 없애고 개인 자리를 없애는 오픈 좌석 시스템을 도입해 자리선택의 자율화를 시도했다. 내 옆에 팀장이나 임원이 앉을 수도 있는 것이다. 이는 위아래를 구분하지 않고 각자의 생각을 수평적으로 자유롭게 소통할 수 있다는 장점을 가지고 있다. 그러나 어떤 기업에서는 수평적 조직 체제로 개편했다가 기강이 무너졌다는 지적이 일자 다시 직급제로 돌아선 해프닝도 벌어졌다고 한다.

변화에 대한 결과는 기업의 특성에 따라 다르게 나타날 수 있다. 그러나 근본적으로 변화를 역행하는 조직의 특성은 수평적 조직 체제를 도입하면서도 구성원들이 수직적 사고를 하는 것이다. 또한 수직적 체제로 다시 돌아갔다고 할지라도 수직적 사고까지 전제한다면 그 조직 또한 변화를 역행하는 것이다. 즉 수직적 조직 구조에서도 수평적 사고를 통해 다양성을 인정하는 조직 문화가 형성되면 그 조직은 현 체제에서도 변화를 수용하고 변화를 주도해 갈 수 있기 때문이다. 예컨대 임원은 책상에서 보고만 받고 결재만 하는 사람이 아닌, 야전사령관이 되어 현장에서 직원들과 직접 소통의 기회를 마련하여 함께 일하는 조직 분위기를 만들어 간다면 그것이 다양성을 인정하는 의사소통이 되는 것이다. 또한 신입사원도 SNS 등을 통해 자유롭게 상사와 소통할 수 있는 채널을 만들어 의사소통을 하는 조직이라면 얼마든지 조직 활성화에 기여할 수 있게 된다. 결국은 외형적인 변화를 시도하는 것도 중요하겠지만 질적 변화를 적극 수용하려는 인식이 무엇보다 우선되어야 한다.

1장 새로운 매뉴얼로 조직을 재정비하라

둘째, 변화를 위해 노력한다며 앞에선 협력을 외치지만 뒤로는 여전히 계파를 나누는 조직이 있다. 우리 사회 대부분의 조직에는 다양한 부류의 계파가 존재한다. 정치세력과 학교조직도 그렇고 기업 임직원들도 학연, 지연 등으로 계파가 나뉜다. 어느 줄에 서는가에 따라 출세와 성공이 결정될 정도이다. 편 가르기는 서로의 차별을 의미하며 조직이 같은 방향으로 나아가는데 필요한 협력을 방해하는 치명적인 요소가 된다. 남녀 간 성차별도 편 가르기의 하나에 해당된다. 평등한 기회를 외치면서도 여전히 조직 내에서의 성차별은 사라지지 않고 있다.

또한 공평한 인사제도를 강조하면서도 낙하산 인사가 여전히 사라지지 않고 있다면 그 조직은 구성원들의 이기심을 키워가는 것과 다를 바 없는 꼴이 된다. 어떤 사람이 자신의 노력을 인정하지 않는 조직 분위기에 충성을 다하고 애사심을 갖겠는가? 그런 겉과 속이 다른 조직 문화는 구성원들의 조직에 대한 심리적 이탈에 부채질을 하고 있는 셈이다.

특히 군대라는 조직은 강한 전투력을 요구하면서도 출신별 차별로 개인의 능력을 무시하는 경우가 다반사다. 장교로 직업군인 생활을 했던 나 역시 뼈저린 경험을 겪기도 했다.

나는 강원도 양양군 수리라는 시골마을에서 태어났다. 중학생 때 우연히 집에서 그 당시 흑백 TV에 나오는 한 편의 드라마를 보게 되었다. 처음으로 나의 미래를 생각하게 만든 계기가 된 드라마였다. 그 드라마는 사관생도들을 중심으로 대한민국 군인의 역할과 위상 등에 관한 내용으로 구성되었고, 그들의 훈련과정과 주인공이 장교로 임관하여 군 간부로서의 역할과 책임감 등을 다하는 모습을 다루는 내용이었다.

짧은 한 편의 드라마였지만 어린 내 가슴에 갑자기 '두둥둥, 쾅쾅쾅!' 북치는 소리가 울리는 것 같이 뇌리에 깊이 각인되었다. 그때부터 장군이 되고 싶다는 생각이 들었던 것이다. 그 후부터 중·고등학교와 대학을 졸업할 때까지 다른 생각을 해본 적이 없었다. 그래서 대학교를 졸업한 후 ROTC 장교로 임관을 하게 되었던 것이다. 물론 사관학교를 목표로 했지만 조건을 충족시키지 못하여 실패를 했으나 그래도 군인의 꿈을 저버리고 싶은 생각은 추호도 없었다.

그 누구보다도 열심히 군 생활을 해야 장군이 될 수 있다는 신념하나로 소위 계급장을 달고 최전방 비무장지대를 누비는 수색대대 소대장으로 책임을 맡자마자 나의 꿈을 향한 질주는 본격적으로 시작되었다. 국가에 대한 애국심, 상관에 대한 충성심, 특수부대 지휘자로서의 솔선수범, 최강 전투력을 자랑하는 소대원 육성 등 나의 모든 역량을 총동원해 최선을 다했다.

그렇게 나름대로 상관의 사랑도 받고 다른 동료들의 부러움을 사면서 소대장의 임기가 끝나고 참모로 직책을 옮길 때가 되었다. 평생을 군인으로 살며 장군이 되려는 꿈을 가진 나로서는 인사고과에 대한 평가가 아주 중요하기 때문에 예민하지 않을 수 없었다. 첫 번째 평가를 받는 순간이었다. 전혀 예상하지 못한 결과가 기다리고 있었다. 충성심 하나로 대한민국 장교로서 맡은 바 책임을 다하면

된다는 순수했던 나의 생각이 완전히 산산조각 나고 말았다. 출신에 대한 차별이 있다는 사실은 익히 알고 있었기에 더욱 열심히 했었는데 그렇게 심할 줄은 미처 몰랐다. '그 자리는 너의 자리가 될 거야!' 라고 믿음을 주었던 직속상관들의 말이 순식간에 바뀌는 것을 보고 남자로서 난생 처음 배신감을 느꼈다.

젊은 나이에 정신적인 충격이 컸다. 군대를 비롯한 모든 조직들의 발전을 위해서는 학연, 지연, 성별, 집안배경 등을 기준삼아 개인의 능력을 무시하는 것은 구성원들의 자발적인 동기를 유발할 수 없기 때문에 장기적으로는 조직 활성화에 부정적 영향을 미칠 수밖에 없다. 나는 그 순간부터 장군이 되고자 하는 꿈이 흐려지며 목표 달성을 위한 관심도, 노력도 서서히 줄어들었다.

인적자원은 경영 조직의 가장 최고 자산이다. 이제는 소수의 사람이 독재적으로 조직을 경영하는 시대는 끝났다. 또한 능력과 노력보다는 계파에 의한 평가가 이루어지는 조직 문화는 조직 구성원들 간의 관계를 어색하게 만들고, 창의적인 업무태도보다는 주도권을 가지고 있는 계파의 눈치만 보고 상사에게 잘 보이려는 잘못된 관행을 만들뿐이다. 이러한 본질적인 문제를 해결하지 않으면 조직 내 갈등과 대립상황은 다반사고 이는 결국 조직 활성화를 방해하는 치명적인 요소로 나타나게 될 것이다. 이제 어떤 조직이든 구성원들 모두가 협력을 통해 함께 만들어 가는 조직 문화로 거듭날 때 긍정적인 결과를 기대할 수 있다.

셋째, 겉과 속이 다른 또 다른 조직의 특징은 조직의 혁신을 부르

짖으면서 변명만 늘어놓는 리더가 많다는 점이다. 위기 상황에서도 자기 몫만 챙기려는 리더들이 많은 조직은 망한다. 조직의 위기 상황에서 진두지휘를 하지 않고 뒤에서 말로만 떠들면서 자신의 몸만 사리는 리더는 경영 혁신을 이끌어 낼 수 없다.

나는 군 전역 후 백화점 인력개발팀에 입사하여 직원들의 교육관련 업무를 하였다. 한때 잘 나가던 회사가 갑자기 모기업의 경영 악화로 계열사인 우리 백화점까지 영향을 미치게 되면서 경영 위기 상황을 맞게 되었다. 당시 전 직원들은 종이 한 장이라도 아껴가며 허리띠를 졸라매고 회사를 살리고자 애를 썼다. 내가 속한 인력개발팀에서도 작은 힘이나마 회사 경영에 보탬이 되고자 야간근무수당을 반납하기까지 했다. 그런 와중에 충격적인 일을 경험하게 되었다.

조직 혁신을 위한 프로그램을 개발하여 담당 임원에게 브리핑을 마친 후 해당 임원이 한 말을 지금도 잊지 못한다. 조직의 리더라고 하는 그는 '다 좋은데, 시간이 없고, 직원들이 피곤해 하고, 예산이 없다'는 등의 변명을 늘어놓으면서 결과적으로 프로그램을 추진하지 못한다는 것이었다.

그런데 생각해 보자. 무엇인가 변화를 전제로 한다면서 혁신안을 추진하지 못하는 이유가 시간이 없고, 돈도 없고, 피곤하다는 등인데 모두 다 맞다고 치자. 그러나 정작 한심스러운 건 그 반대 이유에 혁신안의 가치에 관해서는 일절 언급이 없었다는 사실이다. 발전적 변화를 위한 것임에도 불구하고 말이다. 임원의 변명 같은 말을 듣고 짧은 시간 고민하다가 정중하게 당시 내가 추진하려던 프로그램의

1장 새로운 매뉴얼로 조직을 재정비하라

추진 이유, 기대효과 등에 관한 말씀을 다시 드렸다. 다행히 그는 별다른 의견 없이 그 교육을 진행하도록 허락했다.

그 무렵 백화점에서 그룹 조종실로 파견 근무를 간 적이 있었다. 어느 날 조종실 회의가 있는 날이었는데, 회의가 끝나갈 즈음 임원들끼리 주고받는 얘기를 듣고는 너무나 당황한 나머지 밖으로 나와 분노감을 삭여야만 했다. 다들 힘들어 하고 있는 상황에서 그들은 우리 백화점 주식을 얼마에 팔았고 얼마를 벌었느니 하면서 농담을 주고받고 있었다. 그 당시 백화점 주가가 약 10배 정도 올랐었는데 그 임원들은 모르긴 몰라도 상당한 액수의 몫돈들을 챙겼으리라 짐작한다. 애사심과 순수한 열정을 가지고 열심히 일해 보려는 직원들에게 용기를 주지는 못할망정, 위기 상황에서도 자기들만 한몫 챙기면 된다는 태도는 임원으로서의 자격을 의심할 정도였다.

어느 조직이든 위기를 맞을 수 있다. 새로운 대안도 없이 무조건 현실에 대한 불평불만을 가지고 부정적인 시각에서만 상황을 판단하는 조직의 리더는 위기 상황에서 제대로 된 리더십이 발휘될 수가 없다. 또한 위기를 틈타 자기만의 이익을 챙기는, 즉 솔선수범하며 진두지휘를 해야 하는 리더가 부하들을 팽개치고 혼자 도망간다면 리더로서의 자격이 없다. 그런 함량미달의 리더가 많은 조직은 치열한 경쟁에서 밀려 고객들의 기억에서 영원히 사라지는 결과만 초래할 뿐이다. 결국 회사는 다른 백화점으로 고용승계를 조건으로 인수합병되면서 문을 닫고 말았다.

지금은 개인은 물론 기업과 단체 등 모든 조직들까지도 인터넷, 휴대전화, CCTV, 미디어 등 다수의 지켜보는 눈에 일거수일투족(一擧手一投足)이 모두 노출되어 있는 사회다. 이제는 왜곡된 진실은 금방 밖으로 드러난다. 겉과 속이 다르게 위장되어 있는 조직은 내부 구성원들은 물론, 외부고객들의 신뢰감도 얻을 수 없다. 진정한 변화는 겉과 속이 같게 변해야 하는 것이다. 남들에게 보이기 위한 요란한 외적변화에 치중하기보다는 각 조직의 상황과 특성에 맞으며, 현실감 있는 올바른 변화를 내실 있게 해 나가야 한다.

1장 새로운 매뉴얼로 조직을 재정비하라

직원만족을 무시한 조직은
선한 부자가 될 수 없다

기업 경영에 있어서 고객 만족 경영 원칙은 당연한 것이다. 그렇기 때문에 일선 현장에서 고객과 마주하는 직원들에 대한 만족 경영이 선행되어야 한다. 즉 고객 만족은 곧 직원 만족으로부터 시작되기 때문에 기업의 입장에서는 고객 만족을 위해서 직원을 먼저 만족시켜야 하는 것이 순서다. 경영 관리자는 일선 현장에서 일어나는 현상을 직접 경험하지 않는다. 그러나 직원들은 고객과의 접점에서 다양한 상황에 대처해 가며 고객 만족을 위해 헌신의 노력을 기울인다.

백화점 매장에서 영업담당을 할 때였다. 모 산부인과 원장인 여성 고객은 며칠 전 한 외국 브랜드의 바지를 구매했다. 그런데 보름이 지난 어느 날 매장에서 난리가 났다. 그 고객은 상품이 불량품이라며 반품을 요구하면서 담당자 나오라고 소리를 지르며 매장 전체를 쑥대밭을 만들고 있었다. 그 담당이 바로 나였다. 급하게 달려가 고객에게 정중히 머리 숙여 사과의 말부터 전하고 고개를 든 순간 고객이 내 뺨을 때렸다. 너무나 당황한 나는 순간 화가 치밀었지만, 직원들의 서비스 교육을 담당했던 나로서는 차마 화를 내지 못하고 다시 한 번 고개를 숙여 사과의 말을 전했다. 그런데 또 뺨을 때리는 것이었다. 어처구니없었다.

　모든 고객과 직원들의 시선은 우리를 향하고 있었다. 눈물을 머금고 사무실로 안내하면서 그 고객의 불만을 처리하고자 했다. 그러나 고객은 막무가내로 내게 일절 말할 틈을 주지 않고 일방적으로 자신의 화난 감정을 계속 퍼부어 댔다. 이제는 사장까지 나오라고 소리치며 난리를 피우는 것이었다. 거기다 애써 감정을 누르며 고객의 화를 달래려 하는 내게 그는 또 다시 손을 날리는 것이 아닌가. 그 순간 도저히 참을 수 없어 날아오는 손을 막으면서 그만하시라고 나도 소리쳤다. 그때 보다 못한 팀장이 나서며 한참 만에 간신히 진정이 되었다. 조사 결과 사건의 발단인 불량품이라던 바지는 고객이 산을 오르다 나뭇가지에 걸려 찢어진 것으로 밝혀졌고, 반품은 하지 않는 걸로 결론을 내렸다. 흔한 말로 고객의 일방적인 '갑질'로 뺨을 두 대나 맞아야 했던 그 날이 지금도 잊혀지지 않는다.

　내가 당한 유사한 사건들은 최근에도 심심치 않게 벌어지고 있다. 하지만 그 시절과는 달리 요즘엔 일부 고객들의 도를 넘는 행동에 대해 몰지각하고 전형적인 '갑질'로 사회적으로 지탄의 대상이 되고 있다.

이처럼 직원들이 때로는 수모에 가까운 일을 겪으면서 고객 만족을 위해 노력하는 건 자신의 언행이 회사 전체의 이미지를 좌우한다는 생각 때문이다. 그런 점에서 정작 중요하고 간과하지 말아야 할 점이 바로 직원 만족도이다. 고객 만족에 앞서 해당기업에 속한 직원들의 만족도가 높아야 한다. 매일 영업현장 최일선에서 고객과 만나는 말단 직원부터 최고 경영자에 이르기까지 기꺼운 마음으로 즐겁게 고객을 맞아야 하는데 이는 진정성이 없으면 어려운 일이다. 직원은 외부고객 못지않게, 아니 더욱 중요한 또 다른 내부고객이다. 그럼에도 불구하고 아직도 내부고객 만족의 소중함을 모르고 일방적으로 외부고객 만족만을 강요하는 조직들이 많다. 모 항공기 땅콩회항사건과 같이 최근에도 사회적으로 물의를 빚으며 시대를 역행하고 있는 조직들이 있어 마음이 씁쓸하다.

이렇듯 내부고객 만족을 무시한 조직에서 나타나는 몇 가지 공통적인 현상들이 있다. 첫째, 내부고객인 직원을 여전히 하인으로 취급하는 것이다. 그러나 아이러니한 건 그런 조직일수록 힘주어 강조하는 게 바로 주인의식이다. 직원들에게 언제 어디서나 주인처럼 일을 하라고 요구한다. 이를 뒤집어 생각해 보면 직원들을 주인이 아니라고 여기기 때문에 주인처럼 자발적으로 일을 하라고 하는 것이다. 하지만 말로는 주인의식을 강조하면서도 진심으로는 주인처럼 대우하지 않고 하찮은 소모품처럼 여긴다면 어떤 직원이 애사심을 갖게 되겠는가? 이러한 조직의 구성원들은 시키는 일만 마지못해 하며 형식적인 서비스로 고객을 대할 수밖에 없다. 예컨대, 최근 사회적으로 이슈가 되었던 땅콩회항사건을 보더라도 자신의 말을 제대로 듣지 않았다는 이유로 직원에게 폭언과 폭력을 가했다는 것은 내부고객인 직원을 머슴으로 생각한다는 것이다. 또한 교수라는 사람이 직위를 이용해 학생을 성추행한 혐의, 대리점에 대한 일방적인 협박 등우리 사회 전반에 갑의 횡포가 끊이지 않고 그동안 관행이 되어온 '갑질'이 사회적인 문제로 계속 대두되고 있다.

이런 조직들은 시대적 흐름을 역행하면서 과거의 관행을 버리지 못하고 독재적 경영을 하고 있다는 것을 반증하고 있는 것이다. 독재 경영은 일선에서 고객을 접하는 직원, 즉 내부고객으로부터 외면당할 수밖에 없게 되고, 그 결과는 외부고객 만족과 직결되기 때문에 경영 성과를 높이는데 한계가 있을 것이다. 설사 그 조직이나 기업이 일시적으로나마 수익을 낼 수 있을지는 몰라도 고객들로부터 인정받지 못하는 기업은 오래도록 선한 부자로 존경의 대상이 될 수 없다.

둘째, 내부고객을 무시하는 조직은 내부고객, 즉 직원들을 하나의 부속품으로 취급한다. 녹슬고 고장이 난 부속품을 갈아 끼우듯이, 마음에 들지 않는 직원들은 가차 없이 퇴출시켜 버리는 조직이다. 얼마 전 평소에 잘 알고 지내던 40대 여성분이 회사에서 일하다가 갑자기 쓰러져, 급하게 병원으로 옮긴 후 간신히 깨어났다. 그런데 다음 날 출근을 했는데 회사 측으로부터 한 달간 안정을 취하라는 통보를 받았다. 황당하게도 그것은 바로 퇴사를 요구하려는 사측의 수순이었다. 또다시 그녀가 업무 중 쓰러지거나 더 큰 일이 벌어질 경우 회사가 책임져야 할 산재의 의무를 미리 회피하기 위한 조치였다.

오랜 세월 회사를 위해 헌신해 왔는데도 불구하고 그녀는 한순간에 일자리를 잃고 말았다. 의리와 인간에 대한 존엄성을 우선하기보다는 회사의 이익증대에 걸림돌이 될 것이라 판단되면 고장난 부속품 갈아 끼우듯이 즉각 퇴출시키는 것은 다른 직원들의 자발적인 결속력을 이끌어 내기 힘든 조직 분위기를 만들어 갈 뿐이다.

그 일을 알고 난 후 그녀와 함께 근무하던 직원들과 대화를 할 기회가 있었는데 그들은 이구동성으로 회사가 자신들을 너무나 비인간적으로 취급한다며 하소연을 했다. 오랜 기간 비아냥거림, 무시, 폭언, 폭행 등으로 고통 받은 사람들은 자기 존중감이 떨어지기 마련이다. 이는 자신이 사랑받을 만한 가치가 있는 소중한 존재이고 유능한 사람이라고 믿는 마음이 약해진다는 것을 의미하는 것으로 당연히 조직이 성과를 내는데는 마이너스 요소로 작용한다.

강요와 통제, 엄벌 등 강압적으로 경영하는 시대는 지났다. 조직의 가장 큰 자산은 무엇보다 내부고객인 직원들임에도 그들의 자존감을 떨어뜨리게 하는 행위는 결국 부메랑이 되어 경영 악화로 이어질 수밖에 없다. 경영의 기본은 인간의 마음을 움직이는 것이라는 가장 중요한 원칙을 잊은 것이다. 인격적이고 인간적인 대우로 직원들이 자발적인 헌신을 할 수 있는 조직 문화를 만들어 가는 것이 올바른 리더십이다.

당나라 현종 초기는 정치·경제가 무척 안정되어 백성들이 편안하게 생활할 수 있었다. 그것은 요숭(姚崇)과 송경(宋璟)이라는 재상 두 명의 역할과 능력 때문이었다. 요숭은 시대의 흐름을 잘 파악하여 새로운 정책을 내놓았고, 송경은 이를 어김없이 실천하는 역할을 했다. 현종은 두 사람이 각자의 특장점을 잘 발휘하도록 하였는데 무엇보다 그들에 대한 대우가 극진했다. 현종은 두 사람이 들어오면 일어서서 맞았고, 물러갈 때는 항상 문 밖까지 나가 배웅했다고 전해진다.

셋째, 직원 만족을 무시하는 조직은 제왕적 경영 스타일을 고집하면서 내부적인 경영권 다툼 등으로 기업의 이미지를 실추시키는 조직이다. 실추된 기업의 이미지는 곧 일선에서 일하는 직원들에게 큰 부담이 될 수밖에 없다. 사회적 가치를 실현한다며 다양한 사회공헌활동 실적을 널리 알리지만, 내부적으로는 탈세, 오너일가의 일탈행위 등 부도덕적인 행태가 빈번한 조직이 그 예다. 이런 조직은 차츰 소비자, 국민들로부터 외면당하기 십상이다. 특히나 이런 기업과 조직이 위기 상황에 직면할 경우 그 대처능력은 형편없을 수밖에 없다. 직원들의 사기는 바닥까지 떨어진 데다 외부고객들의 불신감까지 맞물려 속수무책이 된다.

최근 국내 굴지의 L그룹의 경우만 해도 그렇다. 그룹 경영권을 둘러싸고 동생측과 형, 아버지측 그렇게 두 패로 나뉜 싸움은 급기야 법정으로 가서 난타전을 벌이는 지경에까지 이르렀다. 아마 상당한 비용을 들여가며 치열한 싸움이 전개될 것 같다. 그런데 그런 와중에도 L그룹측은 최근 사회기부금으로 100억 원이나 내겠다고 밝혀

1장 새로운 매뉴얼로 조직을 재정비하라

실소를 짓게 했다. 막대한 수입원인 면세점 재허가 평가결과 발표를 앞두고 후한 점수를 받으려는 의도로 보였으나 결국 L그룹은 탈락하고 말았다. 서로 자신이 그룹의 주인이라며 부모 형제간 볼상 사나운 싸움을 벌이면서 100억 원으로 갑자기 착한 기업 이미지를 만들 수 있을까? 일전 새로 오픈한 L백화점의 매출이 예상보다 저조한 것도 이런 오너일가의 그릇된 행태에서 비롯된 임직원들의 사기 저하와 고객 불신감에서 비롯된 결과일 것이다.

고객 만족 경영의 세 가지 핵심적인 요소는 상품, 서비스, 이미지이다. 이는 곱셈의 법칙에 적용되는 것으로 세 가지 중 어느 것 하나라도 제로가 되면 모든 것이 제로가 되어 고객 만족 경영을 실천할 수 없게 됨을 의미한다. 예컨대 내부고객인 직원들은 최고의 상품과 친절한 서비스를 제공하기 위해 애를 쓰는데 반해 오너, 기업 경영 관리자들은 경영권 싸움과 부도덕한 행위로 기업 이미지를 제로로 만들면 직원들의 헌신적인 노력 역시 물거품이 될 수 있다는 것이다. 이것은 곧 경영 원칙 중 가장 중요한 것 중 하나인 내부고객 만족을 무시한 결과다.

최근 다행스럽게도 내부고객 만족 경영을 실천하는 기업들이 많이 늘어나고 있다. 모 백화점에서는 직원들의 아이들을 위한 어린이집을 백화점 내에 운영한다. 백화점에 가정주부인 직원들이 많기 때문에 아이들 걱정 없이 마음 편하게 일할 수 있도록 배려한 것이다. 그 백화점의 경우 15평 규모의 여성의류 매장에서 월 6억 원 정도의 매출을 올리는데 회사 측은 내부고객 만족을 위해 80평 규모의 어린이집을 투자해서 운영하고 있다. 백화점 부회장은 '당장 매출이 줄더라도 직원 만족을 높이는 게 장기적으로 경쟁력 강화에 도움이 된다'면서 내부고객인 직원 만족이 중요함을 강조하였다. 관심을 가지고 간간이 그 백화점의 매출과 수익추이를 확인하곤 하는데 경쟁 백화점들보다 꾸준한 성장세를 보여 내심 흐뭇한 심정이다.

결과적으로 선한 부자 기업 모델은 도덕적 기준을 바탕으로 사회적 책임감을 더해 기업, 내부고객인 직원들과 협력업체, 외부고객 모두가 상생할 수 있는 경영 원칙을 실천하며 국민들로부터 존경받는 기업을 말한다.

경쟁적 사회구조는
조직의 인문학적 사고를 방해한다

근래 인문학의 열풍이 거세다. 이는 아마도 시대적 변화에 따른 새로운 지혜가 필요함을 반증하는 것이라 생각된다. 지금까지 우리 사회는 산업발전에 초점을 맞추어 기술 중심의 교육 덕분에 급속한 경제 발전을 이룩해 온 것은 사실이다. 그러나 현대 사회는 경제 발전에 반해 여러 계층 간 갈등과 대립 등 사회적 문제를 해결하지 못하고 있다. 따라서 이를 극복하고 우리 사회가 지속적으로 성장해 가기 위한 새로운 전략이 필요한 시점이다. 스포츠 경기에서도 한 번 시도했던 전술을 다시 쓸 경우 그 효과를 기대하기 어렵다. 그 패턴이 이미 노출되어 공격과 방어에서 상대방을 압도하지 못하기 때문이다.

새로운 전략을 바탕으로 구체적인 전술을 다시 짜야 한다. 마찬가지로 우리 사회도 기술 중심의 전술이 한계에 봉착했다면 새로운 전

략을 가지고 새로운 전술을 마련해야 한다. 눈부신 과학기술의 발전
으로 인간을 위한 편의성은 크게 증가했지만 오히려 인간 본질 부분
은 도외시되고 말았다. 즉 물질만능주의, 이기심, 지나친 경쟁구도,
부의 소수 독점 등의 현상이 우리 사회를 지배하며 인간존중, 생명
의 고귀함, 도덕성 등 정신적, 정서적인 퇴보를 가져왔다. 한마디로
지금 우리 사회는 물질중심으로 발전을 이룬 까닭에 밸런스가 깨진
모습이다. 바로 여기서 사회의 균형적인 발전을 위한 인간성 회복이
필요한데 이는 인문학적인 소양을 바탕으로 한 지혜로움을 통해 접
근해 가야 하는 일이다. 따라서 요즘과 같이 사회적으로 인문학 열
풍이 불고 있는 것은 개인과 조직, 그리고 사회 등 지혜를 갈구하는
국민적 몸부림으로 해석할 수 있다.

　인문학(人文學, humanities)의 사전적 의미는 인간과 인간의 근원
문제, 인간의 사상과 문화에 관해 탐구하는 학문이다. 즉 인간의 삶
의 본질이 무엇인지를 탐구하는 학문으로 문학, 철학, 역사학 등이
인문학 범주에 해당한다. 현 시대를 살아가는 우리는 동서고금의 현
자들이 밝힌 인간의 본성과 개인은 물론 가정, 기업, 사회, 국가 발전
에 필요한 이상적인 언행이 담긴 글을 탐독하고 있다. 다른 학문영
역과는 달리 인문학에는 지식뿐 아니라 지혜를 담고 있기 때문이다.
즉 인문학을 통해 보다 행복한 삶을 살아가기 위한 자양분인 지혜를
얻고자 하는 것이다. 따라서 개인과 조직, 그리고 국가적 차원에서도
인문학적 사고로 무장되어야 한다.

인문학적 사고란 인간과 인간, 인간과 사회, 인간과 자연, 인간과 우주와의 관계를 이해하기 위해 분석적이고 비판적이며 사변적인 방법을 폭넓게 사용하는 사고를 말한다. 즉 전체적인 안목을 전제로 하여 합리적이고 윤리적인 판단을 위한 과정을 거쳐 새로운 지혜를 얻고자 하는 사고의 과정을 말한다. 예컨대, 조직의 구성원들이 인문학적 사고로 무장된다면 개인보다는 전체의 공동선을 추구하며 조직 활성화에 가장 큰 원동력이 될 것이다.

그러나 우리 사회는 유감스럽게도 조직 구성원들의 인문학적 사고를 방해하는 경쟁구조의 틀을 벗어나지 못하고 있다. 오랜 시간 경쟁적 구조 속에서 훈련된 사람들이 조직에서 인문학적 사고를 하기는 쉽지 않다.

기업들이 직원을 뽑더라도 학력과 스펙에 따른 한 줄 세우기식 교육의 결과를 기준으로 삼아 채용하고 있다. 이러한 고용방식은 현실적으로 좋은 교육을 받은 자가 좋은 직업을 갖는다고 주장하는 인간자본론에 지나치게 의존하는 현상이다. 이러한 논리 속에는 그간 교육이 사회발전에 이바지했다는 주장이 일견 타당하지만, 반면 학교가 인성교육을 무시하고 경제와 정치발전에 필요한 인력 양성소로 굳어져 가게 만들 수 있다. 이렇게 인간다운 인간을 위한 교육, 인간 본연의 교육이 제자리를 찾지 못하는 이유 중 하나는 인간을 수단적 존재로 간주하는 기계론적, 과학주의적 세계관 때문이다.

결국 이렇게 인간을 기능적 존재로만 간주하다 보면 기업도 인간의 전인(全人)성을 활용할 수 없게 되고 구성원들로부터 창조적 경영은 기대하기 힘들 것이다. 그럼에도 여전히 현 사회의 특권지역에 진입하려면 특별한 증명서와 자격증을 제출해야 하며, 대학에서는 학문적 탐구보다는 졸업증명서와 자격증을 취득하는데 더 큰 비중을 두고 있다.

최근 정부에서는 대학별 평가를 통해 국고지원 중단과 퇴출 대학 리스트를 발표하면서 대대적인 대학 구조개혁을 진행하고 있어 대학경영에 비상이 걸렸다. 그러한 평가 기준에서 비중을 높게 차지하는 것이 바로 취업률이다. 취업률이 높은 대학은 단연 인기 학교가 되고, 국가의 지원도 받을 수 있다. 그러다 보니 대학 내에서 취업률에 도움이 되지 않는 학과를 폐지하는 일도 벌어지고 있다. 취업이 대학, 학과의 가치를 전적으로 대변하는 것이 옳은 일인지 생각해 볼 필요가 있다.

학문탐구의 요람이 되어야 할 대학이 취업사관학교가 되어가고 있는 사회적 분위기에 대해 현실적으로 안타까움을 감출 수 없다. 물론 취업을 무시할 수는 없다. 그러나 취업중심으로 너무 치우치다 보면, 학문을 통해 얻을 수 있는 지혜가 부족하여 창의적 사회를 만들어 가는데 한계에 봉착할 것이다.

지혜로움은 리더십에 직접적인 영향력을 미친다. 개인과 조직 그리고 사회에 지혜가 고갈되면 현재보다 더 나은 내일의 발전전략을 구상할 수 없기 때문에 강렬한 카리스마를 가진 개인 또는 탁월한 전략을 보유한 외부집단에 구속될 수도 있다. 결국 지혜가 부족한 조

1장 새로운 매뉴얼로 조직을 재정비하라

직의 발전은 더 이상 기대할 수 없다. 우리는 이미 한일합방과 같은 과거 역사를 통해 구속당해본 경험이 있기에 충분히 학습이 되어 있다고 생각한다.

개인은 물론 조직과 사회구성원 모두가 한 단계 더 높은 경쟁력을 확보하려면 개인주의, 이기주의를 확산시키는 경쟁중심의 사회에서 벗어나 인문학적 소양을 바탕으로 창조적 사고력을 키워가야 한다.

어리석은 조직은
'다름'을 '틀림'으로 해석한다

물고기를 잡는데 사용되는 도구 중 통발이라는 것이 있다. 통발은 원래 대나무를 쪼개거나 싸릿대를 엮어서 통처럼 만든 고기잡이 도구의 하나이다. 그 통발 속에 있는 먹잇감을 먹고 들어간 물고기는 한 번 들어가면 통발에 갇혀 물살을 거슬러 나오기가 어렵다. 물속에는 수많은 먹잇감이 있는데도 불구하고 통발 속에 갇혀 버린 물고기는 왜 그곳으로 들어갔을까? 당연히 자신이 '틀' 속에 갇히는 줄도 모르고 가까운 곳의 새로운 먹잇감이 유혹하니까 들어갔을 것이다. 우리도 통발에 갇힌 물고기처럼 무엇인가의 유혹에 의해 서서히 어떤 '틀' 속에 갇혀가는 느낌이 든다.

지구촌 곳곳에서는 이념과 종교적 갈등, 그리고 경제적 문제 등의 원인으로 다양한 모습의 전쟁이 계속되고 있다. 우리나라 역시 민생을 위한 정치세력들은 당권과 권력을 가지려는 다툼을 계속하고, 기

1장 새로운 매뉴얼로 조직을 재정비하라

업에서는 노사 간의 대립과 갈등이 풀리지 않고 있다. 이러한 사회현상을 보더라도 우리들은 오랜 시간 동안 경쟁적 구조 속에서 살아오며 자연스럽게 '나는 맞고, 너는 틀리다'라고 하는 '이분법적 사고의 틀'에 익숙해져 있음을 짐작할 수 있다.

이러한 사고의 틀이 길들여지기까지는 경쟁 중심의 교육제도가 한몫을 했다. 우리 사회는 미래 사회가 요구하는 창의적 인재를 강조하면서도 내면으론 아직도 성적과 학벌 중심으로 싸움판을 만들어 같은 편끼리 싸움을 붙이고 있는 실정이다. 예컨대, 전쟁터에서 싸움을 하고 있는 전사들이 아군인지도 모르고 같은 편끼리 피터지게 싸우고 있다면 결과는 누가 승리하고 누가 패하게 될 것인가? 당연히 아군이 패하게 되므로 모두가 패하게 되는 결과를 초래할 것이다. 물론 사회적 발전을 위해 경쟁은 당연히 있어야 한다. 그러나 성적과 학벌만 가지고 결과를 예측하고 미래의 가능성을 평가하는 방식은 모순이 있다.

하버드대 교수이자 저명한 심리학자 하워드 가드너(Howard Gardner)는 인간의 기본 지능을 논리 수리 지능, 언어 지능, 대인관계 지능, 공간 지능, 음악 지능, 신체 운동 지능, 자연 탐구 지능, 자기 이해 지능의 다중 지능이 있음을 발표한 바 있다. 그런데 '주어진 답'을 잘 맞힌 점수만으로 인간의 다중 지능을 모두 대변할 수는 없다. 단지 사람마다 강점 지능이 있고, 약점 지능이 있을 뿐이고, 상황에 따라 약점 지능을 자기계발을 통해 강점화할 수 있는 것이다. 즉 인간은 어떤 사물이나 현상을 받아들이고 해석하는 능력이 인간마다 다르다는 것을 의미한다. 따라서 사람마다 다양한 지능을 살려 나갈 수 있는 평가제도로 변할 때 개인과 조직의 경쟁력이 커지고 결국 국가의 경쟁력이 커지게 된다.

사회복지정책학자인 호페르난(Heffernan)은 성적으로 줄 세우면 창의성은 죽는다고 말하면서, 경쟁은 누구도 승자로 만들지 못한다고 강조한다. 경쟁은 효율성과 창조성을 갉아먹고 성취와 혁신을 방해하며 부패와 타락을 가져온다고 한다. 그는 성적으로 줄 세우는 교육은 대다수 학생의 학습의지를 꺾고 부정을 통해서라도 상대를 이겨야 한다는 관념을 심어준다고 한다. 예컨대, 세계 최고의 대학이라고 하는 하버드대에서도 지난 2014년 한 해 동안에 부정행위로 100명 이상에게 자퇴권고가 내려졌다.

시험이란 당초 공정한 경쟁을 통해 학생들의 성적을 정당하게 평가한다는 이유로 도입한 제도지만 실제로는 학습의지와 창의성을 꺾는 결과만을 가져왔다. 이렇듯 경쟁은 위대한 생각을 만들어 내지 못하고, 위대한 아이디어가 나와도 확산되지 못하기 때문이라고 언급했다. 물론 현 자본주의 사회에서 경쟁은 피할 수 없는 것이지만 경쟁하는 방식에 대한 고민은 심각하게 제기되어야 할 것이다. 그렇지 않으면 무한경쟁을 통해 남을 밟고 올라서는 법을 배우는 것을 더 중요시하기 때문에 인간 본질에 관한 공부는 뒷전이 되고 말 것이다.

사랑하는 친구가 경쟁자이고, 주변에 모든 사람들이 경계해야 할 적군인 것이다. 즉 아군이 아니면 적이다. 이러한 사회적 분위기는

1장 새로운 매뉴얼로 조직을 재정비하라

완전한 '이분법적 사고의 틀'로 훈련되어질 수밖에 없게 된다. 그렇게 무장된 사람들은 모든 사물과 현상을 '이분법적 사고의 틀'에 담아 '다름'을 '틀림'으로 해석하게 되는 어리석은 결과를 초래할 것이다. 사람들은 자신과 생각이나 행동이 같지 않으면 틀리다고 말한다. 판단하는 기준은 오로지 개인의 관점에서만 보고 결정하는 것이다. '다름'은 상대와 나를 인정하는 것이지만 '틀림'은 나는 인정하지만 타인은 부정한다는 것이다. 즉 완벽한 '이분법적 사고의 틀'로 해석하는 것이다.

목발 짚은 엘사를 본적이 있는가? 수년 전 애니메이션 영화 히트작 '겨울왕국'의 주인공 엘사는 상큼한 외모와 순수한 영혼의 소유자로 전 세계 어린이는 물론 성인들에게까지 큰 인기를 끌었었다. 그런데 최근 영국의 타겟이라는 대형마트가 할로윈 데이 판촉 행사를 알리는 홍보물을 제작했는데 그 모델 중 한 명으로 목발 짚은 소녀를 얼음공주 주인공인 엘사로 분장시켜 눈길을 끌었다. 즉 유명한 영화 속의 여주인공이라 하면 응당 아름다운 외모를 기대하고 연상하기 마련이지만 그 전형적인 틀을 깨고 몸이 불편한 어린이도 주인공이 될 수 있다는 메시지를 표현한 것이다.

이를 본 전 세계의 많은 이들이 감동을 받았다며 SNS에 칭찬 글이 쏟아지자 타겟 측은 트위터를 통해 이렇게 화답했다. '당신들이 좋아하니 기쁘네요. 우리는 우리의 모든 손님을 광고에 포함하려고 노력합니다.' 회사 측은 장애아를 틀리다고 보지 않았고, 그저 똑같은 어린이 고객으로 여긴 것이다. 이런 게 진정한 '고객 감동'이 아닐까?

반대로 다음과 같은 과거의 사건들을 보면 '다름'을 '틀림'으로 해석하는 것이 얼마나 어리석은 결과를 가져 오는지 알 수 있을 것이다.

미국의 경우 1876년 '짐 크로법'을 제정하면서 흑인과 백인의 생활을 철저하게 분리하여 인종차별을 정당화한 때가 있었다. 그 이후로 마틴 루터 킹과 같은 인권운동가들의 노력에 의해 1965년 '짐 크로법'이 폐지가 된다. 2016년 현재 미국 대통령이 흑인출신인 것으로 볼 때, 이는 인간의 피부색깔이 인간능력 차이의 이유가 아닌데도 불구하고, 한쪽의 관점에서만 일방적으로 결정하여 만들어진 것이 얼마나 어리석은 판단이었는지를 보여준다.

사람들에게 열십자(+)가 그려진 카드를 보여주면 산부인과 의사는 배꼽이라 하고, 수학자는 덧셈이라 하고, 목사는 십자가라고 한다. 또 경찰은 사거리, 간호사는 적십자, 약사는 녹십자라고 한다. 모두 자기 입장에서 바라보기 때문이다. 이렇듯 사람들은 '틀림'이 아니라 '다를' 뿐이다. 물론 서로의 의견이 다를 때 상대편의 의견이 논리적으로 전혀 맞지 않다면 그 내용은 '틀림'으로 판단할 수 있다. 그러나 내용은 틀리더라도 상대방의 의견은 다르다고 인정하는 태도가 중요하다. 그래야 서로가 더 좋은 것을 만들 수 있기 때문이다.

바야흐로 글로벌 사회이다. 글로벌 사회에서 자기 것만 고집해서는 다른 문화를 받아들일 수 없기 때문에 국가적으로 고립될 수도 있

1장 새로운 매뉴얼로 조직을 재정비하라

다. 글로벌 시대에서 서로가 '다름'을 인정하는 노력이 무엇보다 중요하다. 즉 국가별 문화적 차이를 인정하는 것이다. 예컨대 우리는 단백질을 보충하기 위해 고기를 먹는다. 그런데 아프리카 일부 나라에서는 개미를 통해 단백질을 보충하는 것처럼 말과 음식도 다르고, 자동차가 달리는 방향도 다르다. 또한 크리스마스 캐롤은 추운 겨울에만 들을 수 있는 것이 아니라, 열대 나라에서는 여름에 크리스마스 캐롤을 들을 수 있다. 그만큼 생각하고 생활하는 방식이 다른 것이다. 따라서 일방적으로 개인적 관점에서만 모든 사물과 현상을 해석하는 것은 개인과 조직, 국가차원에서도 글로벌 시대의 경쟁력에는 도움이 되질 않는다.

멀지 않은 미래에 다문화 가정의 자녀들이 성인이 되어 사회로 진출하게 되면 조직은 피부색이 다르고, 문화가 다른 다양한 구성원들이 모이게 될 것이다. 이때 다양성을 인정하느냐 아니면 차별을 통해 편 가르기 식의 '이분법적 사고의 틀'에 담아 해석하느냐에 따라 조직의 흥망성쇠가 달라질 수도 있을 것이다. 그러나 사회적으로 많은 변화가 일어나고 있긴 하지만 학교에서 왕따 시키기, 다문화가족과 장애인에 대한 차별 등이 계속해서 일어나고 있다. 아직도 많은 곳에서 많은 사람들이 '틀림'과 '다름'을 구분하지 못하고 자기의 생각만이 옳다고 행동하는 독선, 혼자서 판단하고 결정하는 독단, 일방적인 폭력, 무시와 배척, 파괴행동 등을 하는 걸 보면 우리 사회가 상자 속에 갇혀서 바깥세상으로 나오지 못하고 있다는 생각이 든다.

이러한 사회적 분위기는 조직 경영에도 직접적인 영향을 미친다. 오랜 시간 '이분법적 사고의 틀'로 훈련된 직원들로 구성되어 있기 때문이다. 조직이 급변하는 시대변화에 적응하기 위해서는 리더십은 선택이 아니라 필수다. 리더십의 핵심역량에는 크게 인간관계 능력, 문제해결 능력, 지식의 3가지로 요약할 수 있다.

먼저, 인간관계 능력으로 우리는 타인과의 소통을 통해 원만한 인간관계를 형성하려는 노력을 많이 하는데도 그렇게 쉽게 해결되지 않는 경우를 경험하게 된다. 자신은 좋은 마음을 가지고 소통을 위해 노력하는데 상대방으로부터 부정적 자극이 오게 되면 당황하게 되고, 그 순간에 긍정적으로 반응하기란 쉽지 않다. 그래서 많은 사람들은 자신은 노력하는데 상대방이 받아주질 않는다고 변명처럼 말한다. 그러나 그 변명 속에는 상대방의 부정적인 자극에 대해 자신이 '나는 맞고, 너는 틀리다'라고 하는 이분법적 틀에 담아 해석한 결과이기 때문에 소통이 어려운 것이다. 예컨대, 상대방의 입장에서 생각해 볼 수 있는 여유가 있다면, 상대방의 부정적 반응에 대해서 좀 더 지혜롭게 반응할 수 있게 되어 좋은 관계형성을 할 수 있을 것이다.

둘째, 문제해결 능력이다. 살다 보면 수많은 문제가 발생한다. 리더십의 역량 중에서도 이 문제해결 능력은 효과적인 성과를 내는데 필요한 핵심역량이다. 그럼에도 고정관념, 선입견 등 자신의 입장에서만 문제의 원인을 분석하고 해결책을 모색한다면 창의적인 문제해결을 기대할 수 없을 것이다. 결국 문제를 다양한 관점에서 보며

1장 새로운 매뉴얼로 조직을 재정비하라

원인을 분석하고 해결책을 모색하려면 '인문학적 사고의 틀'이 전제가 되어 있을 때 창의적으로 문제를 해결하는데 도움이 될 것이다.

셋째, 리더십을 발휘하는데 필요한 핵심역량은 지식이다. 지식이라고 해서 단순히 현재 정해져 있는 정보와 지식을 말하기보다는 지식과 지식의 융합과 통합을 통해 통찰력으로 새로운 지식의 창조를 말하는 것이다. 즉 문제해결에 도움이 될 창조적인 지식을 만들어 내는 능력을 말한다. 그러기 위해서는 단순히 알고 있는 지식만을 강조하거나 다른 정보를 새롭게 찾아내는 노력에서 멈춰서는 안 된다. 결국 새로운 창의적 아이디어는 다양한 지식과 정보를 수집하고 융합하는 과정에서 새로움이 창조되는 것이다. 따라서 '있는 답'을 그대로 활용하는 지식은 시대적 변화를 앞서 갈 수 없기 때문에 일시적인 문제를 '해결'하는 데는 도움이 될지 몰라도, 문제를 근본적으로 '해소'시키는 데는 한계가 있을 것이다.

인간은 생존과 종족 번식을 위해 남과 싸워 이겨야 하는 동물적 본능을 무시할 수는 없다. 그러나 인간의 본성은 이렇듯 극단적으로 남과 싸워서 이기려는 악한 마음만 있는 것은 아니다. 만약 인간의 본성 자체가 악한 마음만을 지니고 있다면 인간은 이미 전쟁으로 인해 이 지구상에 존재하지 않았을 것이다. 성선설과 성악설이 있으나 인간의 본성 자체는 악(惡)과 선(善)을 모두 가지고 있다고 보는 게 동서고금 학자들의 지배적인 생각이다. 단지 그 악과 선 중에 악을 누르고 선이 외부로 행해지고 발휘되도록 균형 감각을 유지하며 참다운 인간세상을 만들어 나가는 것이 인간 존재의 목적이고 본성인 것이다. 그럼에도 현대인들은 인간의 본성을 외면한 채 이분법적 사고에 사로잡혀 어느 한쪽으로 기울어져 침몰하고 있는 배처럼 균형 감각을 잃어버린 채 살아가고 있는 것이 안타까운 현실이다.

사회적 분위기가 대립과 갈등으로 멍들어 가고 있는 시점에서 2014년 프란치스코 교황(Bergoglio)이 한국을 다녀갔다. 그가 한국에 머무르면서 우리들에게 보여준 리더십의 핵심은 '절대로 갈등의 당사자가 되지 않는 것'이었으며, '네가 옳고 너는 그르다'고 하는 것이 아니라 '평화의 공동선이 무엇인지를 깊이 숙고하고 행동하라'는 평화의 중재자 역할을 보여주면서 갈등사회에 큰 울림을 선물하고 갔다.

목표를 향해 항해하는 배가 균형 감각을 잃으면 배는 거센 파도의 물결을 이기지 못하고 언젠가는 침몰하게 된다. 달리는 자동차도, 사람도, 조직도, 사회도 마찬가지이다. 특히 인간의 사고를 한쪽으로 몰아가는 것은 다양한 변화가 예고되는 미래 사회에 위험한 결과를 초래하게 될 수밖에 없다. 경쟁적 구조에서 한쪽 방향으로 자극받은 사람들은 '이것 아니면 저것'의 이분법적 사고의 틀이 형성되어 단순해지고, 항상 남과 싸워서 이겨야 직성이 풀리기 때문에 화합을 통한 새로운 창조의 결과를 기대할 수 없기 때문이다.

새로운 점검이 필요한 시점이다. 먼 항해를 위해 대대적인 정비를 해야 한다. 고장이 난 줄도 모르고 항해를 앞둔 배를 정비하지 않으

1장 새로운 매뉴얼로 조직을 재정비하라

면 갑작스런 위기 상황에 당황할 수밖에 없게 되고, 시나리오가 없어서 무엇부터 해야 할지 모르게 되니 침몰하는 배를 보고도 멍하니 바라볼 수밖에 없을 것이다. 어제까지 아무 일도 없었으니 오늘도 괜찮을 것이라는 안일한 태도가 돌이킬 수 없는 참사를 가져올 수 있다. 개인이 사회 전체 분위기를 바꾸기는 쉽지 않다. 그러나 나 자신을 바꾸는 것은 어렵지 않다. 일단 나부터 균형 감각을 잃고 한쪽으로 치우쳐 모든 사물과 현상을 '이분법적 틀'에 담아 해석하며 살아가고 있지 않은지 점검해야 한다. 즉 내가 상자(틀) 속에 갇혀 있다는 사실을 인식하는 것이 중요하다. 새로운 변화를 시도할 때 가장 먼저 해야 할 일은 현재 자신의 위치가 어디에 있는지를 알아야 새로운 방향을 정할 수 있게 되는 법이다.

조직에서는 인적자원개발 차원에서 교육을 통해 구성원들의 생각을 변화시키는데 많은 투자를 하고 있다. 직무와 직급에 맞는 전문성을 키우기 위한 교육도 있지만, 조직의 인적자원개발은 전문성을 넘어 창의적 사고를 하는 인재를 육성하기 위한 목적이 더 크다. 그러나 생각을 바꾸기 전에 '생각의 틀(frame)'을 바꿔야 한다고 인식하는 기업은 그리 많지 않다. 다시 말하자면 창의적인 생각은 사물과 현상을 어떤 '틀'에 담아내는가에 따라 결과가 다르게 나온다는 사실이다. 따라서 구성원들의 '생각의 틀'에 대한 인식이 조직 활성화에 중요한 키를 가지고 있다는 것이다.

사고의 틀이나 관점을 바꾸면 시야가 달라지고, 생각이 변하고, 행동이 변할 수 있는 법이다. 이는 지혜가 탁월한 공자와 같은 성현에

게도 해당하는 이치이기도 하다. 공자 역시 '동산(東山)에 올라 노(魯)
나라가 작음을 알았고, 더 높은 태산(泰山)에 오르고서야 천하(天下)
가 작음을 깨달았다'고 말한 바 있다.

새 술은 새 부대에 담아야 한다

　현 시대는 무시할 수 없는 과거의 질서와 새로운 질서가 병존하는 시대적 특성을 가지고 있기 때문에 어느 한쪽을 일방적으로 선택하게 되면 또 다른 모순이 발생하게 된다. 예를 들면 인간이 생존하기 위해서는 자연과 상생·공존의 질서를 지켜야 하는데 인간의 이기심이 극대화되어 자연의 질서를 무시하고 자원을 고갈시키고, 자연 환경을 일방적으로 파괴한다면 인간은 자신들이 행한 결과로 불이익을 받게 될 것이다. 물론 인류발전을 위해 개발을 멈출 수는 없지만, 인간과 자연의 연관성을 무시한 채 지나친 인간 중심의 개발은 부메랑이 되어 다시 인간들의 생명을 위협하게 된다. 따라서 이러한 복잡한 시대적 특성을 고려하여 리더십을 발휘하기 위해서는 양극단의 질서를 발견함으로써 서로 다른 것을 융합해 내는 능력이 요구된다. 즉 현 시대는 시대적 특성을 담아낼 수 있는 새로운 '사고의 틀'

을 요구하고 있는 것이다. 기존의 익숙해져 있는 '이분법적 사고의 틀'로 현 상황을 담아내다 보면 균형감각을 잃게 되어 또 다른 사회적 문제를 야기시킬 수 있다는 것이다.

기업경영에서도 예외일 수는 없다. 외부 환경이 끊임없이 변하기 때문에 시대적 특성을 무시한 기업 경영은 불가능하기 때문이다. 그러나 과거의 경영 패턴을 완전히 무시한 채 변화를 주도하기 위한 창조적 경영 전략을 일방적으로 강조하다 보면 오히려 역행할 수도 있다. 그렇기 때문에 기업의 특성과 시대적 상황을 고려하여 양쪽을 아우르는 창조적 경영 전략을 세워야 한다. 따라서 조직에서도 새로운 리더십이 요구되고 있다. 결국 상황을 담아내는 '생각의 틀(구조)'이 리더십의 핵심이다.

인간의 생존에 공기가 중요함에도 불구하고 그 소중함을 못 느끼듯이, 마찬가지로 생각이 운명을 바꿀 만큼 중요한 것임에도 불구하고 그 중요함을 인식하는 경우가 드물다. 더구나 현재 자신이 사물과 현상을 담아내어 해석하게 되는 '생각의 틀'에 대해서도 별로 관심이 없는 듯싶다.

콩 심은데 콩 나고, 팥 심은데 팥 난다는 옛 속담처럼, 어떤 생각의 씨앗을 심느냐에 따라 다른 결과가 나온다는 말이다. 사람들은 어떤 생각을 전제로 하는가에 따라 그 생각의 씨앗이 자라게 되어 결실을 맺게 된다. 즉 다른 생각의 결과를 원한다면 다른 생각의 씨앗을 전제로 해야 한다. 새로운 변화를 시도하는데도 불구하고 변화가 생기지 않는다면, 어떤 생각을 전제로 하고 있는지를 점검해야 한다. 구체적으로 말하자면 '나는 맞고, 너는 틀리다'고 하는 '이분법적 사고의 틀'이 전제가 되어 있는 상황에서 균형과 화합을 바란다는 것은 어불성설이다. 따라서 다른 결과를 원한다면 전제를 바꿔야 한다. 즉 '생각의 틀'을 바꿔야 한다.

길을 가던 나그네가 강가에서 낚시를 하고 있는 낚시꾼을 보고 이상하다는 생각에 다가가서 물었다. '당신은 어찌하여 대어를 잡으면 방생하고, 작은 물고기만 그물망에 넣는 게요?' 그러자 낚시꾼은 '우리 집에 있는 프라이팬의 크기가 25인치 밖에 되지 않아 큰 물고기는 담을 수 없습니다'라고 했다.

그릇의 크기와 모양에 따라 담기는 것이 달라지는 것처럼, 그릇을 바꾸면 될 것을 우리들은 기존에 길들여져 있는 그릇(이분법적 사고의 틀)에서 헤어나지 못하다 보니, 복잡하고 다양한 형태로 변화하는 현 시대를 살아가면서 갈등과 대립적 상황을 제대로 담아내지 못하고, 조화를 통한 화합과 창조가 어려운 것이다.

이렇게 사람들은 생각을 바꾸는 것을 어려워한다. 생각을 바꾸면 행동이 바뀌고, 행동이 바뀌면 습관이 달라져 결국 운명이 달라진다. 때문에 생각을 바꾸려는 노력을 해야 한다. 그런데 생각을 바꾸는 노력을 하는데도 불구하고 행동이 잘 변하지 않는 경우를 경험해 본 일이 있을 것이다. 그것은 생각을 바꾸기 전에 '생각의 틀'에 대한 인식이 부족하기 때문이다. 붕어빵을 찍어내는 '틀'이 똑같은데 다른 모양의 빵이 나올 리 만무하다. 다른 모양의 빵을 원한다면(다른 생각과 행동을 원한다면) 지금 내가 가진 빵틀이 무엇인지(현재 내게 습관처럼 굳어져 있는 '사고의 틀'이 무엇인지)를 인지하는 것이 우선이다. 그것이 생각의 씨앗을 만들기 때문이다.

어느 인디언 마을에 선교사 한 명이 찾아왔다. 그 마을 여인들은 저 멀리 있는 우물가에서 물을 길어 나르느라고 매일 정신이 없었다. 그 상황을 본 선교사는 추장에게 찾아가서 한 가지 제안을 했다. '매일 힘들게 멀리 있는 우물가에서 물을 길러오지 말고 우물로부터 마을까지 파이프라인을 연결합시다. 그러면 여인들이 고생도 안하고 자손대대로 편리하게 물을 먹을 수 있고 물 기르러 다니던 그 시간에 다른 생산적인 일을 할 수 있지 않겠습니까?'라고 말했다. 그 제안을 받은 추장은 한참을 고민하다가 선교사에게 하루만 시간을 달라고 했다. 마을 사람들과 회의를 해 보고 결정해야 한다는 것이었다. 회의를 마친 다음날 추장은 선교사에게 '못하겠다'는 결론을 전했다. 선교사는 그 이유를 물었다. 추장의 답변은 황당할 정도였다. 그는 매일 물을 기르러 가야 하기 때문에 바빠서 파이프라인을 건설할 시간이 없다는 것이 그들의 생각이었다.

선교사는 할 말을 잃었다. 마을을 멀리하면서 선교사는 곰곰이 생각을 정리해 보았다. 추장과 마을 사람들의 생각과 행동의 첫 번째 전제는 매일 하루하루의 필요한 물을 길러야 한다는 현실적인 문제해결에 두고 있다. 때문에 그들은 평생 그리고 자자손손 매일 바쁘게 정신없이 일에 매달려 살게 될 것이다.

여기서 첫 번째 전제를 변경해 보자. 오늘의 현실적인 문제해결만

1장 새로운 매뉴얼로 조직을 재정비하라

이 아니라 미래를 위한 생각을 전제로 한다면, 여러 가지 방법이 나올 수 있다. 모두 함께 낮에는 물을 나르고 밤에 불을 켜고 파이프를 설치하거나, 아니면 여자들은 물 기르고 남자들은 파이프를 건설하는 방법 등을 통해 현실적인 시급한 문제와 미래의 중요한 문제를 동시에 해결할 수도 있다.

또 다른 각도로 전제를 변경할 수도 있다. 시기를 앞당기고 안전성을 고려하면서 파이프를 연결한다는 생각을 전제로 해 보자. 마을 사람들은 물 기르고 대신 파이프는 전문 기술자를 초빙해서 설치를 할 수도 있으며, 공사에 필요한 돈이 부족하면 외부자본을 끌어들여 수익성 높은 마을의 자원을 개발하여 파이프 공사는 물론 차제에 아예 마을 전체를 풍요롭고 행복한 동네로 바꿔갈 수도 있을 것이다. 그렇게 되면 촌장은 훌륭한 리더로 인정받을 것이고 이후에도 마을에는 촌장의 생각을 본받아 새로운 지도자가 나오게 되는 계기가 되어 그 마을을 세계적인 관광도시로 조성해 갈 수도 있을 것이다.

이렇듯 얽히고설킨 여러 문제들을 해결하기 위해 오래전부터 홀리스틱 접근법(holistic approach)이 등장하였다. 홀리스틱 접근법은 개인을 초월하여 가족, 이웃, 사회, 자연, 지구, 우주 등 모든 존재가 서로 연관되어 있기 때문에 개인이 병들면 가족이 병들고 이웃, 사회, 자연이 병들고 지구가 병든다고 보는 것이다. 홀리스틱(holistic)은 '홀리즘적인' 이라는 뜻으로 그리스어의 '홀로스(holos : 전체)'를 어원으로 하고 있으며 전체(whole), 건강(health), 낫게 하다(heal), 신성한(holy) 등의 파생어도 갖고 있다.

홀리스틱 교육도 전반적인 '관계성'에 초점을 두고 있다. 즉 인간과 자연, 개인과 공동생활과의 관계, 마음과 몸과의 관계, 다양한 지식분야 영역의 관계, 논리적 사고와 직관과의 관계, 그리고 자아(ego)와 자기(self)와의 관계 등을 깊게 연구해서 '깨달음'과 함께 그 관계를 보다 더 적절한 것으로 변용해 가기 위해 필요한 힘을 얻는 것을 목표로 하고 있다. 또한 홀리스틱 교육은 지적인 면은 물론이거니와 정서적, 사회적, 육체적, 창의적, 직관적, 심미적 및 정신적 잠재력 등 다방면의 전인(全人)적 발달에 도움을 주는 교육이다.

홀리스틱 접근을 통한 관계성과 전인적 발달을 위한 노력은 동양철학에서도 찾아볼 수 있다. 예로부터 우리의 교육은 몸과 정신이 하나가 되고(心身合一), 나와 타인을 둘로 여기지 않는 사람 사이의 사랑(自他不二), 나와 자연이 하나가 되는 천인합일(天人合一)적 사랑이 기본 바탕을 이루고 있는 동양적 세계관(가치관)의 소통 철학에 영향을 받아 왔다. 그러나 우리 교육은 양과 질에서 많은 발전을 한 것은 사실이지만 실행과정이 크게 왜곡되어 지식주입과 입시 위주의 교육 관행에서 벗어나지 못하고 있다.

결국 교육제도를 비롯해 사회제반 문제해결을 위한 접근 방식이 홀리스틱적 프레임으로 변환될 때 서로간의 관계성을 인식하여 인류사회는 상생·공존의 질서를 갖게 되는 것이다. 또한 전인적 발달을 통해 개인의 삶의 질을 향상시키게 되고, 조직에서는 구성원들의 잠재능력을 자발적으로 이끌어 내며 직원과 직원과의 관계, 부서와

1장 새로운 매뉴얼로 조직을 재정비하라

부서 간의 관계, 직원과 회사와의 관계, 회사와 고객과의 관계 등 모든 관계성을 전제로 하여 소통과 화합이 이루어지게 되어 조직 성과에 긍정적 영향력을 미치게 될 것이다. 따라서 홀리스틱적 사고방식은 전체적 사고, 즉 인문학적 사고로 해석할 수 있다. 즉 전체적 관점에서 우주의 모든 존재에 대한 관계성을 인식하고, 서로를 아우르며 상호 관계의 의미를 만들어 감으로써 새로운 지혜를 찾고자 하는 사고과정을 말한다.

지혜로운 조직은
위기를 사전에 예방한다

세상은 변한다. 변화는 항상 위험과 기회를 동반한다. 현 시대 변화의 속성은 다양성과 빠른 속도를 빼놓을 수 없다. 그러다 보니 미래를 예측하기가 쉽지 않다고 전문가들은 말하고 있다. 따라서 앞으로 다가올 위기의 형태도 다양할 수밖에 없고, 개인 · 조직 · 국가적 차원에서도 예외 없이 다양한 형태로 변화되는 시대적 상황을 잘 감지하여 위기 속에서 기회를 찾고, 기회 속에서 위험을 예방할 수 있는 지혜로운 리더십이 요구되는 시기다.

위기는 크게 3가지 종류로 정리해 볼 수 있다. 먼저 명시적 위기 (explicit crisis)로서 밖으로 완전히 드러나 현재 환경에 악영향을 미치는 위기의 형태를 말한다. 즉 발등에 불씨가 떨어진 상황이라는 표현이 맞을 것 같다. 미리 준비하지 않은 사람들은 대부분 갑작스러

1장 새로운 매뉴얼로 조직을 재정비하라

운 위기 상황을 만나면 크게 당황한다. 이러한 명시적 위기를 극복하기 위해서는 빠르게 대처할 수 있는 순발력과 적절한 지식, 그리고 정보를 분별하고 판단할 수 있는 전문성이 요구된다.

지난 1991년 일본 최대 사과생산지인 아오모리현에 초속 40m의 초강력 태풍이 불어 닥쳐서 90% 이상의 사과가 다 떨어지고 말았다. 사과 농사로 생계를 유지하던 그 지역에 위기가 닥친 것이다. 사람들은 갑작스런 위기상황으로 인해 절망감에 빠졌지만, 위기 속에서도 기회를 찾는 노력을 했다. 떨어진 사과를 보면서 낙담하지 않고 떨어지지 않은 사과를 보고 새로운 가치를 만들어 낸 것이다.

'떨어지지 않는 사과'라고 해서 입시를 앞둔 수험생들을 대상으로 어떤 시련에도 떨어지지 않는 '합격사과'라는 상품을 만들어 손실을 만회하고 이후 입소문과 함께 대박이 난 사례가 있다. 이것은 부정적 환경에서도 긍정을 보려는 시도를 통해 위기 속에서 새로운 기회를 찾아내는 순발력을 보여준 좋은 사례라고 할 수 있다.

두 번째 위기는, 암시적 위기(insinuate crisis)로서 지금 당장 명확히 밖으로 드러나지 않지만 서서히 다가오는, 즉 앞으로 닥칠 위기 상황을 의미한다. 관습적 패턴으로 눈이 가려져 미세한 경고에 둔감할 경우 맞이하게 될 위기 상황을 의미한다. 이러한 암시적 위기를 대처하기 위해서는 예리한 관찰력과 통찰력이 요구된다. 즉 창의성으로 무장되어 있을 때 다가오는 위기를 감지할 수 있다. 창의성은 정보와 지식을 종합하고 융합하여 새로운 가치를 창출해 낼 수 있는 능력이다. 또한 주어진 업무를 다른 방법으로 시도하려는 노력을 통해 새로운 일의 가치를 만들어 가는 능력을 의미한다.

1920년대 미국 여행보험회사에 다니고 있던 허버트 하인리히는 회사의 엔지니어링 및 손실 통제 부서에 근무하면서 업무 성격상 많은 사고 통계를 접하게 되었다. 실제 발생한 75,000여 건의 사고 피해 정도를 정밀 분석한 결과 큰 재해(major injury), 작은 재해(minor injury), 그리고 사소한 사고(accident)로 구분한 다음 각각의 발생 비율이 어떠한지를 숫자상으로 명확히 밝혀냈는데 그 비율이 바로 1대 29대 300이었다. 한 번의 큰 재해가 발생하기까지는 삼백 번의 미세한 징후와 스물아홉 번의 경미한 사고가 앞서 미리 암시하고 있었다는 의미이다.

지금 우리 사회에는 암시적 위기로 꼽을 수 있는 것들이 많다. 미래 사회를 책임질 청년들이 대학 졸업 후부터 빚더미에 눌려 미래를 꿈꿀 수 있는 정신적 여유를 갖지 못하고 있는 것이다. 사회에 진출하기 위한 취업 준비 비용, 학자금 대출 등으로 빈곤의 늪에 빠진 세대를 스튜던트 푸어(student poor)라고 한다. 젊은이들이 빚더미를 안고 사회로 진출하고 있는 상황이 이어지고 있는데 이는 앞으로 더 큰 사회적 위기로 나타날 수 있다는 것을 암시하고 있다. 좀 더 근본적인 대책이 요구된다.

이렇게 위기 상황들은 밖으로 본격적으로 드러나기 전에 다양한 형태로 암시를 하고 있다. 그런 의미에서 지혜로운 리더는 시대적 변화를 예상하고 항상 새로운 시각으로 변화를 분석하며 그런 노력을 통해 큰 위기 상황을 미리 감지하고 대비하는 사람이다.

1장 새로운 매뉴얼로 조직을 재정비하라

늦었다고 생각할 때가 가장 빠른 때라는 말처럼 개인과 기업, 정치 등 전 사회적 차원에서 새로운 정비가 필요하다. 이러다가 정신적 푸어(mental poor)상태가 올까 걱정되기도 한다. 정신적 빈곤은 불가능에 익숙해져 새로운 가능성에 도전하지 않은 상태를 말한다. 이것은 개인적인 위기이기도 하지만 기업과 같은 조직의 위기로 이어져 커다란 사회적 위기로 확산될 가능성을 내포하고 있다. 이미 요즘 젊은 세대를 자칭 타칭 이른바 '3포(취업, 결혼, 출산 포기) 세대'라 부르기도 하니 그 위기가 현실로 다가오고 있음을 알 수 있다.

세 번째, 잠재적 위기(latent crisis)는 밖으로 드러나지 않고 속에 숨거나 잠긴 상태로 존재하는 위기적 요인을 의미한다. 개인, 조직, 사회에 혁신적인 변화를 가져올 수 있는 위기 요인을 의미한다. 이러한 잠재적 위기는 시대적 상황을 지혜롭게 담아낼 수 있는 리더십으로 무장될 때 그 위기를 오히려 기회로 바꿀 수도 있다. 리더십이란 조직의 가치 있는 비전을 제시하고 구성원들과 함께 공유하고, 구성원들 스스로 자발적인 동기를 불러일으킬 수 있도록 만드는 능력을 의미한다.

리더는 새로운 것을 갖기 위해서 때로는 가진 것을 버려야 할 줄도 알아야 하고, 이미 가진 것과 융합하여 활용할 줄도 알아야 한다. 시대적 변화를 무시한 채 한쪽만을 고집하는 이분법적 사고는 경영에 큰 위기를 초래할 수 있다. 환경도 변하고 고객의 마음도 변하는데 혼자만 변하지 않다가는 파산의 결과를 면치 못할 것이다.

예컨대, 1880년 창업한 코닥은 세계 최초로 디지털 카메라를 개발

했지만 상품화를 주저하다 결국 2011년 법원에 파산보호 신청을 했다. 디지털 시대의 거대한 변화에 민감하게 대응하지 못한 결과로 코닥은 디지털 기술의 원천 기술을 가지고 있었음에도 불구하고 파산하게 된 근본 원인은 고객의 니즈(needs)를 무시하고, 자신들이 가지고 있는 필름 시장을 고집했기 때문이었다. 전혀 고객의 마음을 보지 못한 결과다. 따라서 잠재적 위기를 극복하기 위해서는 순발력과 전문성, 미래를 관찰하고 예측할 수 있는 창의성을 바탕으로 한 새로운 리더십으로 무장했을 때 위기 속에서 기회를 찾을 수 있고, 기회 속에서 위기를 예방할 수 있을 것이다.

지금까지 세 가지 위기의 종류에 대해 알아보았다. 그렇다면 우리 사회는 지금 어떤 위기가 있는지 개인적 · 조직적 · 국가적 차원에서 점검해 봐야 한다. 여러 가지 징조가 앞으로 다가올 위기를 예고하고 있지만, 현재 수면으로 드러나 있는 명시적 위기만 보더라도 서둘러 리더십을 발휘해야 할 때인 것 같다. 대표적인 예로, 일자리 확보에 대한 범국민적 고민, 인간교육을 무시하고 경제적 수단을 목적으로 하는 제도적 교육문제, 노사 간의 갈등, 당권싸움으로 국민적 신뢰를 잃은 정치문화, 윤리와 도덕성을 의심케 하는 사회지도층의 부조리, 산업 개발에 따른 환경피해 사례의 급증 등 복잡한 상황들이 발등에 불씨가 되어 강한 위기감을 주고 있다. 2015년 한 해의 최고 유행 신조어만 해도 헬조선(hell朝鮮, 즉 삶이 지옥 같은 한국), 금수저(부유하게 타고난 출신배경), N포세대(기존의 취업, 결혼, 출산 등 3가지 포기에 내집마련, 인간관계 등 여러 가지 포기할 것들이 늘어나는 요즘의 젊은 세대) 등이라고 하니 실제 사회문제가 심각한 수준임을 알려주고 있다.

이러한 위기의 상황들이 해결되지 않는 근본적인 원인은 모든 상황을 '이분법적 틀'에 담아 해석하는 오류를 범하고 있기 때문이라고 본다.

현 시점에서 국가의 리더들은 당연히 지혜를 모아 올바른 리더십을 발휘해야 한다. 그리고 누구의 책임을 따지기보다는 나부터 균형감각을 찾고 새로운 전략을 세우는데 열정을 다해야 한다. 더 이상 다른 사람들에게 기대하지 말고, 나 자신부터 균형감각을 유지하여 새로운 판을 짜는데 지혜를 발휘해야 한다는 것이다. 그래서 우리들이 원하는 새로운 사회적 질서를 만들어야 하고, 훗날 후손들이 지금과 똑같은 고민을 반복하지 않게 해야 한다. 현 사회가 불안하다고 걱정만 하지 말고, 미루지도 말고 지금부터 각자가 새로운 전략을 통해 개인의 미래를 새롭게 설계하는데 고민을 즐겼으면 한다.

그렇다고 새로운 전략에 대한 구체적인 정답은 없다. 사람마다 생각이 다르고, 삶의 방식이 다르기 때문이다. 그러나 한 가지 분명하게 할 수 있는 것은 새로운 전략을 세우기 위한 구체적인 '사고의 틀'은 명확하게 제시해 줄 수 있다는 점이다.

본론을 말하기도 전에 이렇게 장황하게 설명을 늘어놓는 이유는 여러분이 지금까지 살아오는 동안 대부분 학교교육에서, 사회조직에서 경쟁을 위한 학습을 통해 '주어진 답'을 잘 맞추도록 훈련이 되어 있다고 생각되기 때문이다. 즉 '새로운 답'을 만들어 가는 일이 처음에는 매우 어색할 수 있다는 것을 알려주고 싶다. 그것이 힘들고 짜증난다고 포기하지 말고 편해질 때까지 반복할 때 새로운 결과를 체험할 수 있다는 점을 강조하고 싶다.

따라서 이렇게 복잡하게 얽혀 있는 명시적 위기의 상황들을 해결하고, 앞으로 다가올 암시적 · 잠재적 위기들을 슬기롭게 대처해 갈 수 있는 혜안으로 '홀리스틱 리더십(holistic leadership)'를 강조하고자 한다. 즉 이분법적 틀을 벗어나 균형과 화합을 통해 새로운 가치를 창조함으로써 모두가 상생할 수 있는 조직 문화를 만들어 가고자 한다.

1장 새로운 매뉴얼로 조직을 재정비하라

현장 리포터

　배가 새로운 항해를 할 때 제일 먼저 해야 할 일은 목적지를 정하고 현재의 위치를 점검하는 것이다. 변화를 서두르는 조직이 현재 상황을 점검하지 않는다면 그 변화가 더 큰 위기를 가져올 수 있다. 조직의 현 상황을 알아야 무엇을 변화시켜야 할 줄 알기 때문이다. 조직의 혁신적인 변화를 꿈꾸는 리더라면 현장으로 나아가 조직의 현실을 직접 점검하라.

1. 우리 조직의 구성원들이 긍정적인 가치관을 무시함으로써 나타나고 있는 현상들은 무엇인지 점검해 보고, 그 원인과 대안을 고민해 봅시다.

　현상 1 _____
　_____

　원인 : _____
　_____

　대안 : _____
　_____

　현상 2 _____
　_____

　원인 : _____
　_____

　대안 : _____
　_____

현상 3 _____

원인 : _____

대안 : _____

2. 조직에 대한 애사심이 사라짐으로써 나타나는 조직 구성원들의 적당주
   의 행동 사례를 3가지 정도 찾아보고, 그 원인을 고민해 봅시다.

사례 1 _____

원인 : _____

대안 : _____

사례 2 _____

원인 : _____

대안 : _____
_____
_____

사례 3 _____
_____

원인 : _____
_____

대안 : _____
_____
_____

3. 조직 구성원들이 오랜 시간 불만족을 느끼고 있는 조직의 제도 및 환
   경은 어떤 것이 있는지 현장에서 점검해 보고, 그 원인과 대안을 모색
   해 봅시다.

현상 1 _____
_____

원인 : _____
_____

대안 : _____
_____
_____

현상 2 _____
_____

원인 : _____

_____

_____

대안 : _____

_____

_____

4. 현 시대 변화의 속성은 다양성과 빠른 속도를 빼놓을 수 없다. 이러한 시대적 특성을 감안하여 조직의 지속적인 성장을 위해 우리 조직의 위기 상황을 점검하고 대안을 모색해 봅시다.

  1) **명시적 위기** : 밖으로 완전히 드러나 현재 환경에 악영향을 미치는 위기의 형태

  명시적 위기 상황 1 _____

  _____

  원인 : _____

  _____

  대안 : _____

  _____

  _____

  명시적 위기 상황 2 _____

  _____

  원인 : _____

  _____

  _____

대안 : _____
_____
_____

명시적 위기 상황 3 _____
_____

원인 : _____
_____

대안 : _____
_____
_____

2) 암시적 위기 : 지금 당장 명확하게 드러나지 않지만 서서히 다가오는, 즉 앞으로 닥칠 위기 상황

암시적 위기 상황 1 _____
_____

원인 : _____
_____

대안 : _____
_____
_____

암시적 위기 상황 2 _____
_____

원인 : _____

대안 : _____
_____
_____

암시적 위기 상황 3 _____
_____

원인 : _____
_____

대안 : _____
_____
_____

3) 잠재적 위기 : 밖으로 드러나지 않고 속에 숨거나 잠긴 상태로 존재하는
　위기적 요인

잠재적 위기 상황 1 _____
_____

원인 : _____
_____

대안 : _____
_____
_____
_____

1장 새로운 매뉴얼로 조직을 재정비하라

잠재적 위기 상황 2

_____

_____

원인 : _____

_____

대안 : _____

_____

_____

잠재적 위기 상황 3

_____

_____

원인 : _____

_____

대안 : _____

_____

_____

27세에 창업한 나에게는 경영에 대한 지식과 경험이 부족했다.
그러나 인간으로서 올바른 것을 지켜야 한다는 강한 신념이 있었다.
거짓말 하지 않기, 욕심 부리지 않기, 타인에게 피해주지 않기 등
어린 시절 부모님과 선생님께 배운 단순한 규범들을 경영 지침으로 삼았다.
- 이나모리 가즈오 《카르마 경영》

02

홀리스틱

리더십을
발휘하라

전인(全人)적 인격체로 예우하는 조직 문화

우리는 복잡하고 다양한 형태로 급변하는 세대에 살고 있다. 그에 따라 혼돈이 심화되고 미래에 대한 불확실성이 커지고 있다. 이러한 상황을 극복하고 헤쳐 나가기 위해 그 어느 때보다 리더와 리더십에 대한 관심이 높아지고 있다.

어느 조직에서나 경영 성과를 높이기 위해 리더십 있는 인재를 찾기 마련이다. 리더십이 탁월한 사람이 조직에 커다란 유익함을 가져다 줄 것이라고 믿고 있기 때문이다. 리더십이란 조직의 공동 목표를 달성하기 위하여 한 개인이 집단의 구성원들에게 영향을 미치는 과정을 말한다. 그래서 효과적인 리더십은 모든 조직이 추구하고 있고, 경쟁가치를 지닌 조직의 자산이 되고 있는 것이다. 개인적 차원에서도 삶의 방향을 올바르게 결정할 수 있는 훌륭한 리더가 되기 위해 시간과 돈을 투자하고 있다. 또한 국가 역시 국가의 발전을 좌우

2장 홀리스틱 리더십을 발휘하라

할 정치적 지도자의 리더십에 대해 민감할 수밖에 없다. 특히 기업이나 공공조직은 사회가 발전해 감에 따라 리더의 역할이 더욱 커질 것으로 보고 리더의 역량개발에 집중하고 있다.

조직적 차원에서 리더십에 대한 개념을 좀 더 깊게 이해하기 위해서는 리더십과 일반적인 관리를 비교해 보고 그 차이점과 공통점을 알 필요가 있다. 먼저 리더십과 관리의 공통점은 구성원들과 더불어 일을 성공적으로 할 것을 요구한다는 것과 성과 달성을 위한 목표를 지향한다는 것이다. 반면에 리더십과 관리의 차이점은 몇 가지 관점에서 구분된다.

첫째, 리더십은 변화를 통해 발전을 추구하는 반면에 관리의 주된 기능은 조직의 질서와 안정성을 추구한다는 점에서 다르다. 둘째, 리더십은 방향의 설정, 장기적 비전, 상황에 유연한 전략 수립 등에 관심을 두지만 관리는 계획을 수립하고 조직 목표 달성을 위한 자원 배분을 강조한다는 점에서도 달리한다. 셋째, 리더십은 비전에 관해 구성원들과 의사소통하고, 그들의 헌신을 유도하며, 팀을 구축하여 협동적으로 일하고 연합체를 형성하는 것을 중요시 한다. 반면 관리는 조직화 과정을 중요시하여 적재적소에 인원 배치와 업무 수행을 위한 규칙과 절차를 엄격히 하는 것에 중점을 둔다는 차이가 있다. 넷째, 통제와 문제해결 과정에서도 리더십은 구성원의 자발적인 동기부여와 스스로 목표를 설정하고, 참여하여 헌신하는 것을 강조하는 반면에 관리의 초점은 구성원의 동기 유발을 위한 인센티브 시스템 개발, 목표 달성 활동에 대한 점검과 일탈이 발생하였을 경우 수정

조치를 강구한다는 차이점이 있다.

이와 같이 리더십과 관리 사이엔 차이점이 있지만 목표 달성이라는 점과 영향력을 미친다는 점에서는 공통적인 특징을 포함하고 있다. 결국 리더십의 궁극적인 목적은 구성원들의 자발적인 동기유발을 통해 그들의 잠재력을 이끌어 내 조직의 공동 목표를 달성하고자 하는 것이다.

그렇다면 구성원들의 자발적인 참여를 전제로 잠재력을 이끌어 내기 위해서는 구성원 개개인이 단순한 부속품으로 취급되어서는 안 된다. 홀리스틱적 관점에서 인간(구성원)에 대한 올바른 이해가 우선되어야 한다. 인간은 육체뿐만 아니라 정신과 마음 그리고 지성을 가진 다면적 존재이기 때문에 마음, 육체, 정신 모두의 조화를 통해 서로를 아우를 수 있는 전인(全人)으로 이해해야 한다. 즉 구성원들을 산업시대의 도구적 인간관과는 달리 전인적 존재로 그 이해의 패러다임을 바꿔야 한다는 것이다.

일반 경영진이나 관리자들은 구성원들에게 연봉 인상, 직무환경 개선 등으로 리더의 역할을 다했다고 생각하지만, 그러한 단순한 노력들은 구성원들에게 자발적인 동기를 부여하지 못한다.

미국의 심리학자인 프레더릭 허츠버그(Frederick Herzberg)는 사람들이 자신의 직업에서 진정으로 원하는 것이 무엇인지에 대한 연구를 통해 '2요인이론(Two-factor theory)'을 발표한 바 있다. 그는 직무 만족에 영향을 주는 요인을 '동기요인(motivator)'이라 칭하고, 직무

2장 홀리스틱 리더십을 발휘하라

불만족 요인을 '위생요인(hygiene factor)'이라고 명명하였다. 2요인에 대한 세부적인 내용으로 다음 도표에서 보는 바와 같이 위생요인이 충족되는 것은 단지 직무불만족 요인을 제거하는 것일 뿐이며, 직무만족에 영향을 주기 위해서는 동기요인을 강화해야 한다고 주장하고 있다.

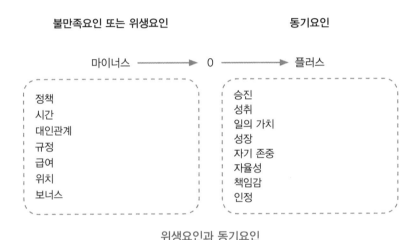

위생요인과 동기요인

허츠버그는 위생요인이 직접적으로 동기유발하는데 영향을 미치는 것이 아니라 일하는 사람들에게 불만족스럽지 않은 느낌을 주는 것에만 영향을 미친다고 주장한다. 즉 급여, 각종 정책 및 제도, 물리적 환경 등의 '위생요인'이 만족되었을 때 그것은 직무불만족의 반대인 '직무만족'이 아니라 '직무불만족이 일어나지 않은 상태'를 의미한다는 것이다. 이것은 매슬로우가 말한 인간욕구 5단계에서 생리적 욕구, 안전의 욕구, 애정의 욕구까지 1~3단계가 해당된다. 반면에 목표 성취, 승진, 일의 가치, 자기 존중, 자율성, 책임감, 인정 등의 동기요인이 만족되지 않았을 때 그것은 '직무만족'의 반대인 '직무불만족 상태'가 아니라 '직무만족이 되지 않은 상태'라고 역설하였다.

이와 같이 구성원들의 자발적 동기유발을 불러일으켜 조직의 성과를 달성하기 위한 헌신을 유도하기 위해서는 개개인을 소중한 인격체로서 예우를 하는 것이 우선되어야 한다.

그런 의미에서 월남전 때의 실화를 다룬 영화 '위워솔저(We Were Soldiers)'는 시사하는 바가 크다. 영화의 주인공인 무어 중령은 총알이 쏟아지는 전쟁터에서 젊은 군인들에게 목숨을 걸고 맹렬하게 싸우도록 동기부여를 할 수 있었다. 그 비결은 바로 부하들 한 명 한 명을 군인 이전에 누구의 아들이거나 형제, 또는 사랑하는 아내와 아이들이 있는 '소중한 인간'으로 여긴다는 걸 몸소 보여주었기 때문이다. '헬리콥터에서 뛰어내릴 때 내가 제일 먼저 적진을 밟을 것이고, 맨 마지막에 적진에서 나올 것이며, 단 한 명도 내 뒤에 남겨두지 않을 것이다'라는 무어 중령의 명대사는 부하들의 가슴을 뜨겁게 만들기에 충분하지 않은가.

2장 홀리스틱 리더십을 발휘하라

홀리스틱 리더십이란 무엇인가

조직이나 공공기관들은 지금까지 수많은 리더십 교육을 받으며 성장을 위해 노력해 왔다. 그러나 아직까지도 리더십에 대한 갈증은 여전히 과제로 남아 있다. 특히 기업만큼 리더십 교육을 많이 받고 개발하며 투자한 곳도 없을 것이다. 그러나 노력한 만큼 리더십이 발휘되는지는 여전히 의문이다. 이는 리더십이 상황에 따라 다양한 변화를 요구하고 있기 때문이다. 즉 정답에 해당하는 리더십 스타일이 있는 것이 아니라, 시대적 변화의 다양한 상황을 담아낼 수 있는 유기체적인 리더십이 요구된다는 것이다.

현재 우리 사회의 리더십의 가장 큰 문제는 도덕성, 투명성, 윤리성 등의 상실에 있다. 조직도 예외는 아니다. 과거와는 다른 새로운 리더의 역할과 자질이 요구된다. 과거에는 리더의 일방적인 지시와 통제로 리더십이 발휘되던 시대도 있었다. 그러나 지금은 독단적인 리더십으로는 조직의 화합을 이끌어 낼 수 없기 때문에 효과적인 리더십으로 평가 받을 수 없다. 조직의 리더는 변화하는 시대적 상황에 적응하고, 변화를 주도하기 위해서는 배움을 계속해야 한다. 리더십은 학습에 의해 개발될 수 있기 때문이다.

예전에는 리더는 타고나는 것이라고만 믿어 왔고, 리더십의 효과는 리더의 행동에 따라 좌우되었다. 그러나 리더십이 효과적이기 위해서는 리더의 '행동'에서 '상황'으로, 구성원들의 '동기유발'로 관심이 옮겨가야 한다. 요즘과 같은 조직 내 복잡한 상황은 다양한 유형의 리더십을 요구하기 때문이다. 즉 상황에 적합한 리더십을 발휘할 때 리더십 효과가 크다는 것이다.

복잡한 사회적 변화는 여러 가지 상황 변수를 낳게 마련이다. 따라서 리더는 효과적인 리더십 발휘를 위해서는 전체적인 안목을 가지고 접근하여야 한다. 부분은 전체를 대변할 수 없기 때문에 갖가지 상황요구를 받아들이기 위해서는 홀리스틱(전체적) 안목이 필수적으로 요구된다.

기원전 320년경, 맹자가 양(梁)나라 혜왕(惠王)의 초대를 받고 찾아가 만났다. 당시는 춘추전국시대 중기로 전국의 제후들 사이에 이익을 두고 크고 작은 전쟁이 많아 어지러운 시기였다. 혜왕이 맹자에게 자신의 나라에 이익이 될 만한 일을 묻자 맹자는 '왕께서는 하필 이익을 말씀하십니까? 오직 인의(仁義) 두 글자만 말씀드릴 수 있습니다'라며 왕이 이익을 말하면, 대부(大夫)와 만백성 모두 사리만 추구하려고 들어 국가는

　　　　　　　　2장 홀리스틱 리더십을 발휘하라

위태로워질 것이라고 충고했다. 즉 서로가 이익으로 충돌하고 다투며 온 나라가 혼란하게 되어 국력이 약해질 수 있다는 것이다. 때문에 맹자는 무엇보다 인의를 먼저 내세우는 것이 혼란한 위기를 극복할 수 있고 보다 참 이익이라고 전해 주었다고 한다. 혜왕에게 전한 맹자의 말은 리더에게는 사소한 이익보다는 근본적이고 전체적인 안목의 중요함을 일깨워 주는 것으로 풀이된다.

결국 시대적 변화는 조직의 리더에게 새로운 조건을 요구하고 있다. 첫째, 리더는 인격을 갖춤으로써 개인을 초월하여 자기 자신의 이익보다는 공동체 전체 이익을 우선시하고, 조직의 성과와 개인의 성과를 동시에 달성할 수 있도록 해야 한다. 둘째, 리더는 다양한 상황변수를 담아낼 수 있는 능력이 있어야 한다. 유능한 리더는 특정 리더십 행동유형에 얽매이지 않고, 당면한 상황을 올바르게 진단하여 상황이 요구하는, 상황에 적합한 행동을 함으로써 리더십 효과가 나타나게 된다. 셋째, 리더십은 리더 혼자만의 책임이라기보다는 리더와 구성원들 간의 상호작용에서 나오는 현상이기 때문에 구성원들의 내재적 동기요인에 관심을 기울여 자발적인 동기유발을 이끌어 내는 노력을 해야 한다. 리더의 역할은 조직의 공동 목표에 보다 더 효과적으로 도달할 수 있도록 구성원들의 동기를 자극하는 사람이기 때문이다.

홀리스틱 리더십은 인간이 존재의 일부분이 아니라 전인적 인격체로 존재한다는 것으로 이해하면서부터 시작되어야 한다. 리더는 육체, 마음, 정신을 통합하여 자신을 표현하기 때문에 리더십의 본질은 전인적 관점에 초점을 두고 인식해야 한다는 것이다.

홀리스틱 리더십이란 리더가 전체적인 관점에서 관계성을 인식하고 체(體)·덕(德)·지(智)의 통합 인격체를 바탕으로 리더와 구성원 양자 모두의 삶의 질을 높이고, 어느 한쪽으로 치우침이 없이 균형과 화합을 통해 조직 및 사회 전반에 창조적 영향력을 발휘하는 과정을 말한다. 여기서 체·덕·지의 통합 인격이란 건강한 몸 관리를 통해 건전한 정신을 갖추고[體], 그로부터 긍정적인 삶의 목적과 의미를 만들어 갈 수 있는 능력을 갖게 됨으로써, 사회적으로 윤리적·도덕적 가치를 실천하는 능력[德], 그리고 다양한 영역의 지식을 통합하여 새로운 지식으로 변용시키는 능력[智]을 발휘하게 되는 인간됨의 수준을 의미한다.

홀리스틱 리더십이 발휘되기 위해 요구되는 핵심 요인은 다음 도표에서 보는 바와 같이 다섯 가지 차원으로 설명할 수 있다.

첫째, 신체적 영역에서 건강한 몸의 변화를 통해 마음을 다스리고 지혜로움을 깨달아 실천하는 능력을 말한다. 둘째, 정신적 영역에서는 삶의 목적과 의미를 인식하면서 함께 비전을 공유하고, 진실성을 바탕으로 윤리적이고 도덕적인 가치관을 가지고 있어 정신적인 가치들을 실천할 수 있는 능력이 요구된다. 셋째, 정서적 영역에서는 고객과 구성원들과의 불편한 대립을 피하고, 그들의 목소리를 들으

2장 홀리스틱 리더십을 발휘하라

면서 비전을 공유하는 능력이 요구된다. 그러기 위해서는 자신의 감정을 관리하면서 감정이입을 통해 타인을 잘 이해할 수 있는 능력이 요구된다.

홀리스틱 리더십의 핵심 요인

넷째, 개념적 영역에서는 다양하고 복잡한 문제들을 이해하고 관리하여 새로움으로 발전시켜 나가는 창의적인 문제해결 능력이 요구된다. 다섯째, 통합적 영역에서는 복잡한 변화 속에서 다양한 변수가 나타날 수 있는 조직 내 상황에 신체적 · 정신적 · 정서적 · 개념적 영역의 세부 실천 역량들이 잘 적용될 수 있도록 하는 '홀리스틱적 사고' 즉, '인문학적 사고' 능력이 요구된다.

[신체적 영역]
몸과 마음을 다스려
지혜로움을 실천하는 능력

    요즘 우리 사회는 경제악화, 청년실업률 증가, 고령화 사회에 따른 복잡한 복지 정책 등의 다양한 사회적 문제로 골머리를 앓고 있다. 정치, 경제, 사회, 교육 등 모든 조직들이 피로감에 쌓여 슬럼프에 빠져있는 것이 현실이다. 이러한 사회적 고민들은 조직의 업무 성과에도 영향을 미칠 수밖에 없다. 전체적인 관점에서 볼 때 사회적 구조는 조직을 포함하고, 조직은 사회의 구성원인 직원을 포함하기 때문이다. 반대로 조직 구성원 개개인의 피로감은 조직 성과에 직접적인 영향을 미칠 수밖에 없고, 이것은 곧 사회적 문제로 확산되어 그 문제는 해결되기보다는 악순환을 반복할 수밖에 없는 것이다.

    또 직장인들은 몇 가지의 피로감에서 헤어나지 못하고 있는 것 같다. 첫째는 육체적 피로감이다. 보통 직장인들은 아침 일찍 일어나서 출근할 때부터 지하철에서, 버스에서 숨 쉴 공간도 없을 정도로 많은 사람들과 부대끼며 피로감을 안고 하루 일과를 시작한다. 오죽하면 지옥철이라고 부를까. 이렇게 하루를 시작해 8~9시간 정도 일하고 퇴근해서 집에 가면 평균 밤 9시에서 10시가 된다. 다시 잠을 자고 새벽에 5~6시 정도에 일어나 출근준비를 서두르는 일상을 반복한다.

둘째, 정서적 피로감을 느끼고 있다. 즉 정서가 메말라 가고 있다. 2013년 한 발표 자료를 보니 직장인 1,170명을 대상으로 조사한 결과 10명 중 6명이 '나 혼자'라고 생각할 때가 많다고 나타났다. 그 이유에 대해서는 '대화 단절 때문'이라는 직장인이 33%, '서로 경쟁하느라 나눌 것이 없다'는 응답이 32%, 또한 '업무과다' 때문이라는 응답이 28%로 나타났다. 특히 외롭다고 답한 응답자 중 조직의 리더인 과장, 부장 등 중간관리자가 32%로 직장에서 가장 외로움을 많이 느끼는 직급으로 조사되었다.

셋째, 심리적 피로감이다. 과거에는 한 번 들어간 직장은 특별한 일이 없으면 정년이 보장되었다. 그러나 그런 평생직장의 개념은 사라진지 오래다. 즉 현재 다니고 있는 직장에서 언제 퇴직 통보를 받을지 모른다는 것이다. 부모로서의 역할, 개인적인 노후 준비 등으로 항상 심리적 부담감을 안고 직장 생활에 임하고 있다.

넷째, 이러한 세 가지 피로감에다 조직 내에서의 인간관계, 과다한 업무 스트레스가 더해지면서 정신적인 피로감도 커져만 가고 있다. 스트레스는 만병의 근원이다. 언제 터질 줄 모르는 폭탄처럼 사회적 스트레스는 구성원들에게까지 이어져 조직의 위기를 암시하고 있다.

이미 직원들의 우울한 표정에서 명확하게 나타나고 있으며 이를 통해 벌써 밖으로 드러난, 명시적 위기 증상을 겪고 있는지도 모른다.

이렇게 피로감에 쌓여 있는 직장인들로부터 나타나는 현상을 '번아웃 증후군(burnout syndrome)'이라고 한다. 번아웃(burn-out)은 단어 그대로 '타버리다, 소진된다'는 뜻으로 한 가지 일에만 몰두하던 사람이 신체적, 정신적 피로 때문에 온몸의 에너지를 소진해 버린 것처럼 무기력증, 자기혐오, 직무거부, 우울증 등에 빠지는 현상을 말하는 신조어다. 이러한 번아웃 증후군이 조직 내에서 만연되면 그 조직의 성과는 긍정적인 결과를 기대할 수 없게 된다.

이것은 조직의 리더십에 절대적인 영향력을 미치게 된다. 결국 인간의 본질을 이해하지 못하는 조직은 구성원들과 섞일 수 없는 물과 기름의 관계가 될 수 있다. 조직은 존재하는데 '나'와 '우리'는 존재하지 않는 왜곡된 조직 문화가 만들어질 수밖에 없다. 물과 기름의 경계선에서 적당히 조직에서 잘리지 않을 만큼만 일하고, 회사는 그만두지 않을 만큼만 월급을 주는 묘한 관계가 형성되는 것이다. 그렇기 때문에 조직은 진보적인 발전을 기대하기보다는 안정적, 보수적으로 갈 수밖에 없게 된다. 조직의 발전을 위해서는 진보와 보수가 함께 섞이고 버무려져야 하는데 말이다.

장차 창조적이고 혁신적인 변화를 바라는 리더는 인문학적 사고를 바탕으로 한 새로운 리더십을 개발하여야 한다. 우리가 인문학을 배우는 것은 고전을 통해 새로운 지식을 많이 알아서 누군가에게 자랑하려고 하는 것이 아니다. 사람에 대한 공부, 인간 본질에 대한 깊이 있는 성찰을 통해 인간존중, 인간성 회복의 계기로 삼아 물질중심의 발전으로 생겨나는 사회적 문제들을 해결하고자 함이다. 그래서 '나는 누구인가?'라는 첫 질문으로 인문학 공부는 시작된다고 할 수 있다.

이제 조직의 리더는 자신에게 먼저 질문을 해봐야 한다. '리더인 나는 현재 조직 생활이 행복한가?'라고. 그리고 '나는 누구인가?'라고 질문해 보라. 만약 리더인 당신마저 번아웃 증후군에 빠져 있다면 자신부터 몸과 마음을 다스리는 훈련을 해야 한다. 그렇게 인간의 본질을 이해하는 과정에서 깨달음을 얻어 조직의 위기 상황을 지혜롭게 헤쳐 나가야 한다.

지금부터 약 2700여 년 전 도가(道家)의 창시자 노자(老子) 또한 '스스로를 알고 자신을 이기며, 스스로 만족하고 노력하는 사람만이 자신을 굳세게 하고 사상과 생명을 전개할 수 있다'며 일찍이 개인의 수양과 자아확립의 중요성을 밝혔었다.

홀리스틱 관점에서 인간의 몸, 마음, 정신은 분리된 것이 아니라 '심신 유기체'로서 조직화되어 있고 하나의 전체로 기능하고 있다고 이해해야 한다. 인간의 몸과 마음과 정신, 이 세 가지를 동시에 하나인 존재라는 것을 잊지 말아야 한다. 정신적 스트레스는 지식으로 파악할 수 있지만, 결국은 몸과 마음의 변화를 통해 자연스럽게 해소되는 것이다. 어느 것이 먼저냐를 따지기보다는 몸과 마음과 정신, 세 가지를 동시에 인식해야 한다. 다시 말하면 전인(全人)으로서, 나를 발견하기 위해서는 신체적 참여가 없이는 절대로 알 수가 없다. 인간을 이해할 때는 몸의 적극적인 참여 없이는 불가능 하듯이, 건전한 정신을 위해서는 몸과 마음의 변화를 통해 자연스럽게 건강한 사고와 정신을 만들어가는 것이 순리인 것이다.

전통적으로 심신을 통합시키는 닦음의 방법들이 전해지고 있다. 유교에서는 수양, 불교에서는 수행, 도교에서는 수련이라는 용어를 사용하였는데, 이런 용어를 통합하여 수행론(修行論)이라고 부른다. 수행론은 몸의 변화를 통해서 정신적 가치를 깨닫는 닦음의 방법을 말한다. 들숨과 날숨의 호흡법을 기초로 해서 자율신경인 교감신경과 부교감신경의 조화를 통하여 심신을 하나로 통합시키고 안정시키는 수행법이다. 즉 호흡을 통한 수련을 통해 심신의 조화를 이루고 집중력과 인내력을 높임으로써 정신이 맑아지는 것을 목표로 하고 있는 수행법이다.

유교는 한마디로 말하면 스스로를 갈고 닦아(수기, 修己) 인(仁)을 실천함으로써 백성을 편안하게 한다는 안인(安人)을 목표로 하는 군자를 만들기 위한 프로그램이라고 볼 수 있다. 또한 유교는 법을 만들어 강제적인 방식에 의해 통치하려고 하지 않고 개개인의 수양을 통해 양심의 가책을 강조함으로써 스스로를 부끄럽게 하여 사회의 질서를 유지하려는 프로그램이다. 특히 유교의 수양법을 담은 대학의 '수신제가치국평천하(修身齊家治國平天下)'는 가장 먼저 수신(修身)을 강조하여 자신의 몸과 마음이 하나로 소통하는 것으로, 자신에 대한 사랑이 우선되어야함을 강조하였다. 그 이후에 제가(齊家)와 치

2장 홀리스틱 리더십을 발휘하라

국(治國)은 공동체적인 집단을 의미하고, 평천하(平天下)는 더 큰 공동체적인 집단을 의미한다.

구체적인 수양방법으로는 정좌(正坐)를 한 상태에서 의식을 한군데로 모아 마음을 고요하게 가라앉히면서 성찰을 하는 방법으로 명상을 강조하였다. 인(仁, 사랑하는 마음), 의(義, 올바른 선택을 할 수 있는 마음), 예(禮, 양보하는 마음), 지(智, 옳고 그름을 판단하는 마음)의 네 가지 도덕정신을 실천하는데 필요한 지극히 착한 마음을 갖는 것을 목적으로 한다. 특히 자기 자신을 이겨내라고 하여 극기(克己)를 강조한다. 이때 자신이란 사사로운 개인적인 욕심, 자기 중심적인 감정 등을 이겨내서 참되고 올바른 자기로 돌아가라는 것이다. 우리 마음은 항상 텅 비고 맑게 해야 하며 지극히 착한 마음을 가지면 마음이 고요해진다는 것이다.

결국 유교는 '중용의 도'를 추구한다고 할 수 있다. 기뻐하고 노여워하고 슬퍼하고 즐거워하는 마음이 일어나기 전의 상태가 중(中)인데, 이 같은 중(中)을 유지하는 방법이 도(道)요, 이 도를 이룩하는 길이 명상이라고 보는 것이다.

불교의 수행방법 중 수식관(數息觀)은 명상방법 중에 하나로 짧게 숨을 들이 쉬며 정신을 집중하여 다섯을 센다. 이어서 다시 길게 내쉬며 정신을 집중하여 다섯을 센다. 잡념이 들면 숫자가 멈춘다. 따라서 숨을 조절하고 숫자를 세면서, 온갖 스트레스를 유발하는 생각들이 사라지게 하는 명상법이다. 수식관에서는 짧게 들이 쉬면서 다섯을 세고 길게 내쉬면서 다섯을 세라는 명상 규칙이 바로 계율(戒

律)이다. 그 계율대로 호흡명상을 하면 마음이 고요해지면서 꿈을 꾸는 것과 같이 머릿속에서 외부가 보이기 시작하는 정신현상이 일어나는데 그것을 관(觀)이고 지혜(智慧)라고 한다.

도교의 수련방법은 무위자연(無爲自然)을 강조하여 조신(調身, 몸 고르기), 조식(調息, 호흡 고르기), 조심(調心, 마음 고르기)이라는 삼법수행(三法修行)을 바탕으로 한 수련(修鍊)을 통해서 자연과 하나가 되는 프로그램이다. 한국 선도의 수행론은 정성과 믿음을 바탕으로 지감(止感), 조식(調息), 금촉(禁觸)의 삼수행(三修行)을 강조한다. 지감은 감정을 조절하여 정심(正心, 마른 마음)에 도달하는 것을 뜻하고, 조식은 올바른 호흡법을 통해 기운을 조절하는 것을 의미하며, 금촉은 눈과 귀, 코, 혀, 피부의 다섯 가지 기본적인 감각기관을 통해 외부 정보와의 접촉을 차단하여 선정삼매(禪政三昧, 참선하여 마음의 내면을 닦아 정신을 집중함)의 경지에 도달하는 것을 일컫는다.

이와 같이 동양학인 유, 불, 도교의 공통점은 호흡법에 기초하여 들숨과 날숨에 집중하여 마음을 다스리는 수행론이 뿌리 깊숙이 공존하고 있다. 이는 예로부터 참다운 인간의 본성을 깨우치기 위한 수행과정에서 몸의 적극적인 참여가 있었고, 몸과 마음과 정신이 셋이면서도 하나로 통합되어 있음을 알 수 있다.

신라의 화랑도 교육에서도 유(儒)·불(佛)·선(仙) 삼교를 포함한 고유의 풍류도를 사상적 기반으로 하여, 세속오계를 수양의 지침으로 삼고 국가에서 필요로 하는 인재를 양성하고자 하였다. 신체활동을 통해 몸과 마음과 정신의 조화로운 인격체를 갖춘 전인적 인간형

2장 홀리스틱 리더십을 발휘하라

성을 목적으로 두었다. 화랑도의 대표적인 활동으로는 첫째, 정서를 순화하는 활동으로 노래와 춤, 음악, 시가 등을 즐겼다. 둘째, 국토순 례를 했는데 이를 통해 단순한 여가행위 차원을 넘어 자연과 어울려져 자연과 하나가 됨으로써 높은 경지에 오를 수 있는 가능성을 열어 둔 것이다. 이러한 과정을 통해 규율과 질서, 협동과 단결훈련, 국토 사랑을 키워가고자 했다. 셋째, 대담성과 용기를 갖기 위해 여러 무술을 연마하였다. 대표적으로 활쏘기는 자세를 가다듬어 과녁을 쏘고 화살이 과녁에 적중되면 자세가 올바른 결과이고, 과녁에 맞지 많으면 자기 자세가 바르지 못한 것이라 하였다. 이렇게 활쏘기는 심신수련으로 자기 성찰을 하면서 정신적 자세를 일깨워 주었다.

이와 같이 신라 화랑도의 신체활동은 인간의 어느 특정한 부분만이 아니라 지적 · 사회적 · 정서적 · 신체적 · 도덕적 발달을 위한 것이었으며, 이는 국가의 유능한 국민이며 지도자가 될 사람을 양성하는 동시에 개인적으로는 선미한 사람을 기르려는 목적이었다.

이상의 전통적 수행방법과 사례를 볼 때 조직의 리더는 자신의 몸과 마음을 잘 다스려 정신적인 가치를 깨달을 수 있을 때 비로소 개인적 자아를 넘어 이타적인 사람이 될 수 있는 것이다. 그런 리더는 일에 대한 보상보다는 일 자체에 새로운 의미를 부여하고 조직에 기여하는 것에 우선적인 가치를 둠으로써 조직에 긍정적인 영향력을 발휘할 수 있는 것이다. 훌륭한 리더는 자신이 먼저 몸과 마음을 다스려 지혜로움을 실천하는 모습을 본보임으로써 구성원들로부터 인격적인 신뢰감을 얻게 된다. 그 신뢰감은 조직의 활성화를 부채질할 수 있는 원동력이 될 수 있다. 즉 구성원 모두가 개개인의 몸과 마음을 다스려 정신적 가치를 깨우침으로써 이기주의, 개인주의, 적낭주의 등 개인적 사고를 넘어, 조직을 향한 공동체의식을 함양할 수 있는 수행방법을 공유할 수 있는 계기를 마련할 수 있게 될 것이다. 그것을 시스템화하여 지속해 나간다면 하나의 조직 문화로 자리 잡게 되고, 구성원들의 자발적 동기를 이끌어 내어 조직 성과에 긍정적인 영향력을 발휘하게 될 것이다.

예컨대, 조직적 차원에서 명상, 요가, 등산, 각종 생활 스포츠, 가족과 함께 하는 다양한 취미, 동호회 활동 등을 지원하고 활성화시켜 주면 그 조직은 건강한 일터가 될 것이다. 어느 조직이든 잔재해 있는 구성원들의 불만, 분노, 게으름과 태만, 자만심 등 각종 업무적인 장애와 스트레스를 해소시키기 위한 전략적 행동으로 몸 수련을 실천하는 것도 의미가 크다고 생각한다. 매년 회사와 직원, 협력업체 그리고 외부고객까지 모두가 한마음이 될 수 있는 행사를 계획하는 것도 좋은 정책의 하나가 될 수 있다.

건강한 일터의 구성원들은 즐겁게 일하고 행복한 직업인으로 거듭날 것이다. 그러한 조직 역시 상생을 목적으로 하기 때문에 내부고객인 구성원들과 외부고객들로부터 신뢰감을 얻게 되어 생산적 조직으로 성장해 갈 것이다. 결국 세상 모든 것은 연관되어 있기 때문에 상생을 위한 조직 구조는 사회적 가치로 이어지게 되어 사회 발전에 긍정적인 영향을 미치게 된다.

일전에 모 방송을 통해 장애인과 비장애인들이 한마음 되어 마라톤 행사를 하는 감동적인 장면을 봤었다. 한 글로벌자선단체에서 기획한 이 마라톤 경기는 전 세계 33개국, 35개 지역에서 동시에 출발하는 마라톤 대회였다. 세계 협정시에 맞춰 출발하기 때문에 나라마다 출발시간이 다르다. 대회 목적은 척추손상환자들을 위한 것으로 '달릴 수 없는 이들을 위해 달린다'는 슬로건으로 진행된 경기였다. 일반적으로 사람들이 생각하는 마라톤은 누가 먼저 결승선에 들어오는가에 관심을 갖겠지만, 이 경기는 결승선이 없는 경기였다.

선수들이 정해진 똑같은 시간에 출발한 뒤 30분이 지나 차(catcher car)가 시속 15km/h 속도로 선수들을 따라잡기 시작하고, 점점 속도를 높여가면서 이 차에 잡히지 않을 때까지 달리는 마라톤인데 최후의 1인이 남을 때까지 달리는 경기다. 참가한 모든 사람들이 다른 누구를 따돌리고 승리하는 경기가 아닌, 경기 자체를 즐기면서 장애인과 비장애인들이 한마음을 느끼게 되는 감동적인 이벤트였다. 이 대회로 모여진 모금액(참가비)이 약 420만 유로(한화 52억 원)인데 전액을 재단에 기부하는 멋진 행사였다.

이 대회는 서로의 다름을 인정하고 모두가 승리할 수 있는 균형을 전제로 한 새로운 경쟁방식이라서, 늘 경쟁을 통해 누군가를 이겨야만 하는 현대 사회에 신선한 메시지를 주었다고 생각한다. 또한 이러한 스포츠 경기는 육체적인 활동을 통해 조직과 사회가 상생·공존의 질서를 가지고 살아가야 한다는 건전한 시민의식과 더불어 후원한 기업의 이미지를 높일 수 있는 기회가 될 수 있었다. 훌륭한 리더는 자신이 먼저 전인으로의 인격체 연마를 위해 노력하는 사람으로서 몸과 마음을 다스려 정신적 가치를 깨달아 지혜로움을 실천하는 사람이다.

[정신적 영역]
비전제시와 공유, 윤리적·도덕적 가치를
실천하는 능력

목적지도 없이 날고 있는 비행기가 있다고 가정해 보자. 그 비행기에 타고 있는 사람들은 어떤 심정일까? 아마도 불안과 공포감 때문에 얼마 못가서 기내는 아수라장이 될 가능성이 크다. 물론 그런 불안전한 비행기에 탑승할 사람은 한 명도 없을 것이다. 비행기는 목적지가 정해지지 않으면 절대로 날지 않는다. 기장은 비행하는 과정에서 방향을 잃지 않고 무사히 목적지에 도착하기 위해 관제탑과 수시로 교신하면서 항로를 이탈하지 않도록 한다. 비행을 하는 과정에는 기상악화로 흔들리기도 하고, 항로에서 밀려나기도 하는 등 예상치 못한 여러 가지 상황과 맞딱뜨리게 된다. 그러나 목적지와의 교신을 통한 소통으로 항로를 이탈하지 않고 도착하게 되는 것이다.

조직도 마찬가지이다. 가고자 하는 목적지가 정해지지 않으면 목적지 없이 날고 있는 비행기와 다를 바 없다. 따라서 조직의 리더는 회사의 존재 목적이 무엇인지, 현재 우리 조직은 어디쯤 와 있는지, 앞으로 어느 방향으로 가야 하는가를 이해하고 소식의 비전을 세우고 정확한 방향성을 제시해야 한다. 비전은 리더십의 핵심이다. 따라서 리더의 비전은 곧 팀의 비전이고 더 나아가서 공동체의 비전이 되어야 한다. 또한 리더는 그 비전의 가치와 신념을 분명히 하고, 구성원들과 함께 공유할 수 있어야 한다. 즉 리더는 조직의 비전을 제시하고, 그 비전을 공유할 수 있는 능력을 함께 갖춰야 한다.

바람직한 리더로서 갖춰야 할 이러한 능력은 과거, 현재, 미래에도 일치한다. 강태공이 지은 병법서 《육도삼략(六韜三略)》 중 〈상략편(上略篇)〉에도 '모름지기 우두머리나 윗사람은 좋아하는 것을 사람들과 함께 하면 이루지 못할 일이 없다'고 밝히며 왕이나 장수 등 당시의 리더들에게 올바른 길을 제시해 주고자 했다.

비전은 미래에 대한 긍정적인 기대치를 정하고, 그 꿈과 목표를 향해 도전하는 것, 즉 큰 건물의 설계도와 같은 것이고, 구성원과 조직이 함께 가야 할 이정표와 같은 것이다. 그렇다면 리더가 비전을 제시하려면 어떤 능력을 갖춰야 할까?

첫째, 리더는 미래를 보는 힘을 가져야 한다. 리더는 남들이 볼 수 없는 것을 보고, 그 누구도 생각해 보지 못한 것을 꿈꾸고 도전하는 사람이다. 5년 후, 10년 후 조직이 도착해야 할 목적지를 미리 정하고 방향을 제시하는 능력이 필요하다. 때문에 리더는 항상 조직을 과거, 현재, 미래를 통합한 전체적인 관점에서 분석하고 선견지명과

2장 홀리스틱 리더십을 발휘하라

풍부한 상상력을 발휘하여 비전을 정하고, 그 비전에 대한 확신을 가져야 한다.

둘째, 리더는 세상의 변화를 꿰뚫어 볼 수 있는 예리한 통찰력을 가져야 한다. 즉 예측 불가능한 상황과 문제를 뚫고 나가는 능력이 필요하다. 통찰력은 그냥 생기는 것이 아니다. 세밀한 관찰 속에서 영감이 쌓여 자연스럽게 생기는 것이 통찰력이다. 리더는 시대적 변화에 민감하게 대처함으로써 변화흐름에 맞춰 조직의 비전을 제시하고 조직의 변화를 이끌어가는 사람이어야 한다.

셋째, 리더는 창조적인 사고와 결단력이 요구된다. 리더는 자기 자신부터 혁신하고 창조적인 분위기를 만들어 가는 사람이어야 한다. 리더에게 창조적인 사고가 요구되는 이유는 리더 자신과 조직의 경쟁력을 키우기 위해서다. 모방을 넘어선, 창조적인 발상으로 노력할 때 변화를 주도해 갈 수 있기 때문이다. 그리고 창조적인 사고를 실행하는 건 전혀 경험하지 않았던 새로운 일이기 때문에 리더의 확고한 신념과 결단력이 요구된다.

이와 같이 기본적으로 세 가지 조건을 가져야 비로소 시대적 상황에 걸맞은 비전을 제시할 수 있는 유능한 리더라 할 수 있다. 리더가 비전을 제시한다는 것은 비전 성취라는 목적을 염두에 두고 하는 것이다. 그렇다고 리더가 비전제시를 했다는 그 자체로 역할을 다했다고 한다면 곤란하다. 리더가 제시한 비전을 성취하려면 또 다른 과정과 리더의 능력이 필요하기 때문이다. 바로 구성원들과의 비전을 공유하는 과정이다. 조직은 리더 개인만이 있는 것이 아니라 팀과 구성원 모두가 함께 구성하고 있는 것이다. 그렇기에 리더는 구성원 모두와 비전을 공유하고 한 방향으로 이끌어 갈 수 있는 능력을 가져야 한다. 비전을 갖는 것과 비전을 다른 사람들에게 전달하여 수용하고 내면화시키는 것은 별개이다. 조직원들이 비전을 공유하게 만드는 데도 리더의 몇 가지 능력이 필요하다.

첫째, 리더가 먼저 비전 달성을 위한 확고한 의지와 행동을 본보이는 것이다. 리더의 본보임은 구성원들로부터 비전과 리더에 신뢰감을 갖게 한다. 어느 조직이든 리더의 솔선수범은 절대적 힘을 가진다. 이론적 토대 없이 행동부터 하는 것도 공감을 사기 어렵겠지만, 아무리 훌륭한 이론가일지라도 실천이 없는 이론은 다른 사람들로부터 신뢰를 얻지 못하기 마련이다.

둘째, 리더는 윤리적·도덕적 가치를 실천하는 능력을 갖춰야 한다. 리더는 개인적 욕구를 넘어 공동체의 비전을 위해 역할을 다하는 사람이다. 공동체를 이끌어 가는 리더가 부도덕한 행동을 일관되게 한다면 그를 따를 사람은 아무도 없다. 예컨대, 기업의 최고경영자가 정직과 믿음을 강조하면서 투명하지 않은 기업경영을 한다든지, 균형과 화합을 강조하면서 제왕적 리더십의 틀을 벗어나지 못한다면 그 리더십은 믿음과 신뢰감을 얻지 못하기 때문에 조직 내에서 영향력을 발휘하기 힘들 것이다.

최근 사회적으로 리더라고 하는 사람들이 부도덕한 행동으로 낙

2장 홀리스틱 리더십을 발휘하라

마하는 경우를 종종 보게 된다. 윤리적 · 도덕적 가치관을 갖지 않으면 더 이상 사회적으로 영향력이 발휘될 수 없음을 경고하는 것이다. 조직도 마찬가지다. 비전을 공유한다는 것은 말로 전달되는 것이 아니다. 마음으로 전달되어야 한다. 때문에 리더는 평소에 다른 사람들부터 신뢰와 믿음을 쌓아 나가야 한다.

셋째, 리더는 타인에 대한 섬김을 실천할 때 조직은 비전을 공유하게 되고 성취할 수 있다. 타인을 섬긴다는 것은 어떤 목적성을 띠는 것이 아니라 인간 자체의 존엄성을 인정하고 예우하는 것을 의미한다. 진정성 없이 목적성을 가지고 필요한 매 순간마다 섬기는 시늉으로는 구성원들의 마음속 깊이 비전을 전달하기엔 역부족이다. 가식적인 섬김은 리더에 대한 불신감을 더욱 키울 뿐이다.

이처럼 리더가 제시하는 비전을 성취하기 위해서는 리더 혼자의 의욕만으로 되는 것이 아니라 구성원 모두가 한마음으로 비전을 공유하고, 구성원들의 자발적인 동기를 이끌어 낼 수 있게 될 때 가능한 것임을 명심해야 한다. 윤리적 · 도덕적 가치관을 바탕으로 국가의 비전을 제시하고 국민적 화합을 이끌어낸 리더 중에서 남아프리카 공화국의 대통령이었던 넬슨 만델라(Nelson Mandela)를 들 수 있다. 만델라는 높은 도덕성을 바탕으로, 명확한 비전을 통해 국민들을 이끌어 기념비적인 변화를 가져온 리더로 인정받고 있다.

우리나라의 기업들도 이제는 윤리적 · 도덕적인 가치관을 바탕으로 개인과 조직이 모두 상생할 수 있는 비전과 전략을 세워 모두가 리더십을 발휘할 수 있는 조직 문화를 만들어가야 한다. 그래야 개인과 기업도 살고 사회도 발전하게 되어 모두가 살기 좋은 세상이 되는 것이다. 이렇게 모두가 상생할 수 있는 기업 문화를 만들기 위해서는 우선 '양심 있는 기업'이 되어야 한다. 양심 있는 기업이 되려는 전략과 전술은 기업마다 다양할 수 있지만, 양심 있는 기업이란 두 가지 정도로 정리할 수 있다.

첫째, 양심 있는 기업이란 가치 중심의 리더십을 발휘하는 조직이다. 경영은 성과창출이 목적이다. 그러나 그 성과를 내기 위한 과정에서 핵심가치에 더 큰 무게감을 둘 때 사회적으로 인정받게 되어 성과에 대한 긍정적인 의미를 창출할 수 있게 될 것이다. 기업은 고객으로부터 관심을 받을 때 비로소 경영 성과에 긍정적 평가를 기대할 수 있다. 따라서 기업의 리더는 고객지향적인 핵심가치 기준을 세우고 전 직원들과 함께 가치 중심의 리더십을 발휘해야 한다. 이렇게 고객과 회사 그리고 구성원들 모두가 가치 중심으로 연결될 때 서로가 상생할 수 있다. 긍정적 가치는 밝은 사회를 만들어 가는 기준이 된다. 따라서 가치 중심의 리더십은 곧 사회적 발전으로 이어지게 되는 것이다.

최근 대부분의 기업들은 핵심가치 중심으로 경영을 하고 있다. 그러나 여기에는 리더의 솔선수범이 무엇보다 중요하다는 것을 강조하고 싶다. 과거의 리더십은 위에서 일방적으로 지시하면 아래는 무조건 따라야 하는 분위기였다. 그러나 요즘은 계급 사회인 군대도 그렇지 않다. 군 간부들 교육기관의 구호가 팔로우미(follow me)다.

2장 홀리스틱 리더십을 발휘하라

즉 간부가 먼저 앞장서서 실천하며 부하들을 이끌라는 것이다. 이처럼 조직의 리더들이 솔선수범하여 가치 경영을 실천할 때 비로소 신뢰감을 바탕으로 전 구성원들의 자발적인 참여를 이끌어 낼 수 있다.

이렇게 가치 중심의 리더십을 강조하는 이유는 긍정적인 가치관으로 뭉쳐진 조직과 사회가 밝은 세상을 만들 수 있는 기초가 되기 때문이다. 또한 긍정적인 가치관을 가지고 살아가는 개인들은 자발적인 동기를 발휘하게 되어 개인의 욕구를 충족하기 위한 삶에 그치는 것이 아니라 조직의 발전을 돕고, 이웃과 더불어 살아갈 수 있는 기본적인 자질을 발휘하게 될 것이다.

그럼에도 불구하고 아직도 일부 기업들의 경영 마인드는 돈을 벌기 위한 목적만 있지 긍정적 가치관이라고는 찾아볼 수 없다. 얼마 전 모 방송에서 다룬 음식관련 프로그램을 보고 세상에 먹을 것이 하나도 없다는 위기의식을 느꼈다. 돈을 벌기 위해 온갖 위장기술은 다 쓰고 있다는 사실을 보면서 '저 회사 사람들은 모두 특수부대 출신들이라서 위장술을 저렇게 잘하는가'라고 생각이 들 정도였다. 특히 인간의 건강을 위해서는 물의 중요성을 빼 놓을 수 없는데, 오랫동안 역삼투압 방식으로 만들어진 정수기를 갓난아이부터 온 국민이 즐겨 마셨다. 그런데 그 방식은 인간이 먹어서는 안 되는, 건강에 이롭지 못한 물을 만드는 것이었다. 즉 인간에겐 '미네랄이 풍부한 물이 좋은 물'인데 그동안 우리는 역삼투압 정수기를 돈 들여 사서 '미네랄이 없는 깨끗한 물'을 먹으며 살아온 셈이다.

소비자는 깨끗한 물과 좋은 물의 차이를 모른다. 기업들은 알고 있었다. 그러면서도 고객 만족 경영을 외치며 사회에 긍정적 가치를 실현하는 기업이라고 자신들을 강조해온 것이다. 고객 감동을 위장한, 고객을 기만하는 행동을 하고도 사회적으로 인정받는 세상이다. 먹는 것 가지고 장난치면 어쩌자는 거냐고, 몸에 해로운 상품을 만들어 파는 사람들에게 당신들의 아이에게도 그것을 똑같이 먹게 할 수 있는지 물어보고 싶다.

가치 중심 경영의 기본은 제품으로 드러나게 된다. 그 회사의 제품을 보면 경영자와 구성원들의 가치관을 짐작할 수 있다. 제품이 곧 고객을 생각하는 기업 정신이기 때문이다.

네덜란드에서 개발된 'OAT Shoes'라는 자연발아 운동화는 100% 생분해성 물질로 만드는 운동화다. 원단 및 재질은 천연 식물섬유, 고무 등으로만 사용하고 플라스틱의 섬유화학물질을 배제해 폐기 시 자연분해가 가능하도록 했다. 특히 신발 자체에 식물의 씨앗이 들어 있고 신발 본체가 환기와 영양공급을 보조해 신발에 흙과 물만 넣으면 화분이 되는 혁신제품이다.

이처럼 인간(고객)과 자연이 상생할 수 있는 제품, 고객과 환경을 위한 균형감각, 창의력은 미래 기업들이 주목해야 할 가치 중심의 경영 사례가 되어야 할 것이다.

둘째, 양심 있는 기업이란 조직을 위해 헌신하고 떠나는 퇴직자들을 위해 사회적 책임감을 갖는 기업이다. 현재 우리 사회는 준비 없

2장 홀리스틱 리더십을 발휘하라

이 은퇴하거나 퇴직하는 사람들로 또 다른 사회적 문제를 안고 있다. 더구나 최근 베이비부머세대가 본격적으로 은퇴하기 시작하면서 많은 고급인력들이 은퇴 후의 새로운 일자리 때문에 고민하고 있다. 근본적인 대책이 필요하다. 물론 정부에서도 퇴직예정자를 위한 지원정책을 실행하고 있지만, 기업 현장에서는 지원정책 의도와는 다르게 활성화되지 않는 것으로 알고 있다. 제도적인 보완이 뒤따라야 한다.

아마도 조직 내에서도 은퇴 지원대상자로 선정되면 구성원들이 부정적인 시선으로 볼 수도 있어 민감한 부분이 아닐 수 없다. 그렇지만 기업 측에서는 좀 더 적극적으로 나서야 한다. 직원들에게 평생직장이 없다는 사회적 상식을 공유하고, 특정 대상이 아니라 모두가 당연히 은퇴 준비과정을 거쳐서 제 2의 인생을 준비할 수 있는 제도적 지원을 아끼지 말아야 할 것이다. 이것이 기업과 함께 한 사람들에 대한 예의이고 의리이다. 이것이야말로 그들과 영원한 균형을 유지하는 것이고, 그들 또한 사회에 나가 해당 기업에 대한 마케터 역할을 할 수 있을 것이다. 진심으로 인간을 사랑하는 조직 문화는 사회적으로 존경과 사랑을 받게 되고, 그것은 다시 조직의 경영 성과에 반영되어 모두가 상생하는 밝은 세상을 만들어 가게 된다. 이러한 선순환 사회구조를 만들어 가는 것이 동시대를 살아가는 우리 모두의 사명이고, 비전이 되어야 한다.

[정서적 영역]
자기 감정 관리, 타인에 대한 이해 능력

    조직에서 문제가 발생하는 과정을 살펴보면, 사회적 환경 변화나 기존의 관행적인 조직 환경, 그리고 구성원들 개개인의 성격적 결함 등으로 인한 간접적 원인으로 시작된다. 이러한 현상은 도미노처럼 조직 구성원들의 불안전한 행동과 상태로 이어져 조직의 문제나 사고로 이어지게 된다. 결국 조직의 문제해결을 위해서는 인간의 행동 변화에 대한 근본적인 접근이 필요하다. 즉 인간의 불안전한 행동과 상태가 사고의 직접적인 원인이기 때문에 인간의 마음을 관리할 수 있는 리더십이 요구된다는 것이다. 따라서 리더는 구성원들의 감성을 이해하고, 그들의 감성을 움직일 수 있는 능력을 갖춰야 한다.

    구성원들이 적극적, 긍정적, 이성적 판단을 할 수 있도록 감성을 움직일 수 있는 리더라면 조직 성과를 높이는데 크게 기여하겠지만, 사람들을 불안과 증오의 상태로 방치한다면 생산적인 조직 성과를

2장 홀리스틱 리더십을 발휘하라

기대하기는 힘들다.

대형 포크레인으로 공사하는 현장이라고 가정해 보자. 유능한 현장 감독자라면 포크레인을 조작하는 운전기사와 아래에서 무선통신으로 작업위치와 방향을 안내하는 신호수 간의 교신과정에서 그들의 목소리를 들으면서 감정 상태까지 이해할 수 있어야 한다. 만약 그 두 사람 중 어느 한 명이 출근 전 집에서 크게 부부싸움을 했다면 다른 날보다 작업 중 치명적인 실수를 할 가능성이 크기 때문이다. 따라서 현장을 감독하는 리더는 두 사람의 목소리와 행동 등에서 그들의 감정 상태가 어떤지 체크할 수 있어야 불의의 사고를 사전에 예방할 수 있는 것이다. 물론 다른 사람들의 감정을 잘 이해하기 위해서는 리더 자신부터 스스로의 감정이 안정상태에 있어야 한다. 자신이 불안전한 심리 상태에 놓여 있다면 구성원들의 불안전한 행동을 조절하기보다는 오히려 사소한 일에도 화를 내면서 구성원들의 감정과 행동에 악영향을 미칠 소지가 크다. 결국 현명한 리더는 자신의 감성에 대한 올바른 인식을 전제로 하여 구성원들의 감성 상태를 관리해야 한다.

세계적인 심리학자이자 경영사상가인 미국의 다니엘 골먼(Daniel Goleman)은 조직에서 감성 경영의 중요성을 강조하면서, 리더 스스로 자신의 내면을 파악하고 구성원들의 감성을 이해하고 배려하는 동시에 구성원들과의 관계를 형성하여 조직의 감성 역량을 높이는 능력이 요구된다고 강조하였다. 그는 다음과 같이 감성 능력을 높이기 위한 리더의 네 가지 조건을 제시했다. 첫째, 자기 인식 능력이다.

자신의 감정, 능력, 한계, 가치, 목적에 대해 깊게 이해하는 것을 말한다. 둘째, 자기 관리 능력으로서 자기 인식 능력에서 비롯하여 자신의 감정을 헤아려 조절할 줄 알고 자신이 무엇을 하고자 하는지를 분명하게 아는 것을 말한다. 즉 리더가 목표를 성취하기 위해 갖춰야 할 구체적인 힘을 말한다. 셋째, 사회적 인식 능력으로 감정 이입 능력이라고 한다. 감정 이입 능력은 다른 사람들의 얼굴과 목소리를 통해 그 사람의 감정을 읽어내고 대화 도중에 상대방의 감정에 동조하는 능력을 말한다. 넷째, 관계관리 능력인데, 관계를 노련하게 관리한다는 것은 곧 다른 사람의 감정을 잘 다룬다는 말이다. 리더는 자신의 감정을 자각하고 있어야 하며, 감정 이입을 통해 자신이 이끄는 사람들의 감성에 파장을 맞출 수 있어야 한다는 뜻이다. 결과적으로 조직 구성원들의 마음을 움직일 수 있게 하기 위해서는 리더가 자신의 감정에 대한 자기 인식이 우선되어야 한다.

자기 인식이 부족한 리더의 잘못된 행동이 어떤 결과를 낳게 되는지 군 복무 시절 몸소 겪기도 했었다. 부대장을 모시는 참모장교로 근무할 당시 어느 해 겨울이었다. 부대는 사단 유격대를 운영하면서 겨울철만 되면 유격장의 눈을 치우는 고된 일을 해야 했다. 어느 날 사단장이 헬기를 타고 가다가 유격장의 눈이 그대로 쌓여 있는 걸 보고서 부대장에게 바로 전화를 했다. 질책성 전화를 받고 무척 화가 난 부대장은 참모진과 해당 지휘관을 유격장으로 집합시켰다. 병사들과 참모들 모두 늦은 오후부터 눈을 쓸기 시작했고 한밤중이 되어

2장 홀리스틱 리더십을 발휘하라

서야 간신히 제설작업이 끝났다. 부대장은 작업 내내 화가 난 감정을 진정시키지 못했다.

잠시 후 부대장께 작업 완료 보고를 하려고 중대장인 지휘관이 부대병력을 집합시켜 놓고 정식 보고를 시작했다. 그때 부대장은 자신의 감정을 인식하지 못한 상태에서 병력을 뒤로 하고 있는 해당 지휘관에게 병사들 앞에서 머리를 박으라고 소리쳤다. 당황한 지휘관은 한참을 고민하다가 뒤에 자신의 병사들이 있다고 말하면서 부대장의 명령을 거부했다. 병력들 앞에서 지휘관의 자존심을 지키고 싶었던 것이다. 그것은 지휘관으로서 당연히 고민이 될 수밖에 없는 문제였다. 긴장감이 맴돌았다. 부대장은 더욱 화를 냈고, 해당 지휘관은 끝내 명령을 거부한 채 아무 말 없이 부동자세로 서 있었다. 초긴장 상태로 병력들 앞에서 지휘관들이 서로 감정적 대립상태를 보이면서 묘한 분위기가 계속되었다. 그렇게 냉기가 흐르고 있는 가운데 한참 후 화를 못이긴 채 부대장은 차를 타고 부대로 복귀해 버렸다. 이후에도 두 사람은 서로의 입장을 굽히지 않은 채 나쁜 감정을 오래도록 이어갔다.

결국 자기 인식을 못한 리더가 지혜롭게 상황을 마무리할 수 있었던 문제를 서로 감정만 상하게 하고, 병사들 앞에서 리더의 부족한 면을 적나라하게 보인 꼴이 되었다. 좀 더 침착하게 자신의 감정을 인식했더라면 화는 나지만 해당 지휘관을 따로 불러 지시하면 순조롭게 해결될 일이었다. 이처럼 조직에서 리더의 자기 감정에 대한 명확한 인식은 조직의 원활한 소통의 시작이라는 것을 분명히 알아야 한다.

골먼은 조직 성과의 효과성을 높이는데 전문적인 지식과 기술보다는 감성 능력이 두 배 더 중요하다고 말했다. 이러한 연구는 현재 기업 경영에도 지대한 영향을 미치고 있다. 일명 '감성 경영'은 현 사회적 변화에 적응하기 위한 필수적인 경영 전략이 되었다. 감성 경영이란 기업 내 직원들의 감성에 호소함으로써 그들의 감성을 이끌어 내 조직 성과에 자발적인 참여와 몰입을 이끌어 내기 위한 경영 전략이라고 할 수 있다. 이제는 조직 구성원들의 마음을 움직일 수 있는 리더의 능력이 당연하게 요구되는 시대이다.

최근 우리 기업들의 몇 가지 사례를 보면 이 같은 감성 경영의 중요성을 짐작할 수 있을 것이다. 먼저 S그룹에서는 한 달에 한 번 '실패의 날'을 지정해 실패파티를 함으로써 다시는 똑같은 실수를 하지 않도록 하기 위한 감성 경영을 실천하고 있다. 실패나 실수가 질책의 대상이 되었던 과거의 경영 문화와는 달리 감성적 접근을 통해 스스로 성찰할 수 있는 기회를 주는 것이다.

또한 D건설회사에서는 CEO와의 점심데이트, 고급호텔 숙박권과 워터파크 이용권을 제공하여 가족과 함께 휴가를 즐길 수 있는 기회를 제공하고, 해외근무자 가족의 기념일 선물, 영상요가 수업 등 다양한 감성 경영 전략을 통해 직원들의 감성을 이끌어 내기 위한 노력을 기울이고 있다. 또 직원 80여 명의 광고 회사인 W사는 전 직원이 연중 한 달씩 휴가를 가고, 휴가를 가는 달에는 월급을 두 배로 주고

2장 홀리스틱 리더십을 발휘하라

있다. 회사의 CEO는 일이 힘들고 며칠씩 야근을 밥 먹듯이 해야 하는 광고업 특성상 한 번 쉴 때 제대로 쉬는 것이 좋을 것이라고 생각해서 이런 제도를 시행하고 있다고 한다. 또 휴가기간에 장시간 해외여행을 갔다가 좋은 아이디어를 갖고 돌아오는 직원들이 많았다고 한다. 이는 감성 경영의 좋은 예라고 할 수 있다.

이제 조직 관리의 패러다임이 바뀌고 있는 게 분명하다. 이러한 감성 경영은 단지 직원들의 복지차원을 넘어서 직원들의 마음을 움직이고 '일할 맛 나는 회사'를 만들기 위한 노력으로 단순한 일회성 이벤트가 아니라, 경영 혁신 차원에서 서서히 조직 문화로 자리 잡아가고 있다.

결국 조직에서 사람들의 마음을 움직이는 리더가 되기 위해서는 자신의 입장만을 고집하는 독단적인 사람이 아니라 자기 인식을 통해 자신의 비전과 가치관을 이해하고, 자기 감정 관리와 타인에 대한 이해를 바탕으로 조직의 비전을 공유할 수 있는 인간관계에 대한 능력을 키워나가야 한다.

그런 의미에서 중용(中庸)에 언급된 사람의 기본적인 5가지 인간관계, 즉 군신(君臣), 부자(父子), 부부(夫婦), 형제(兄弟), 친구(親舊)에 대해 각자 한번쯤 스스로 되짚어 점검해 보면 좋을 듯싶다. 이른바 오륜(五倫)으로 불리는 인간관계는 동서양 고금을 통틀어 우리 모두에게 해당하는 것으로, 개인은 물론 조직과 사회, 국가발전의 원동력이자 때론 퇴보시키는 원인으로 작용해온 만큼 올바른 리더십 역량을 개발하는 데 중요한 비중을 차지하기 때문이다.

[개념적 영역]
창의적 문제해결 능력(창의성)

현대 사회는 급속도로 변화하는 데다 다양한 문제들로 서로 어지럽게 얽혀 있다. 때문에 우리는 매 순간 복잡한 문제에 직면하게 됨으로써 창의적으로 문제를 해결할 수 있는 능력이 요구된다. 성장하고 있는 조직도 경영 성과를 높이기 위한 과정에서 내외부의 여러 가지 사회적 환경에 영향을 받아 다양하고 복잡한 문제에 직면할 수밖에 없다. 따라서 리더는 조직 목표를 달성하기 위한 과정에서 나타나는 이러한 여러 문제를 해결할 수 있는 능력이 필요한 것이다.

창의성은 어떤 일을 주도적으로 해 나갈 수 있는 실력이며, 문제해결과 문제해소에 직접적인 영향을 미친다. 따라서 조직에서 창의성이 발휘되기 위해서는 창의성을 지닌 인력발굴과 그 창의력이 발휘될 수 있도록 분위기를 조성하는 리더가 있어야 한다. 그래야 다양한 아이디어를 통해 좋은 해결책을 모색할 수 있기 때문이다. 이것

2장 홀리스틱 리더십을 발휘하라

이 리더의 역할 중에 중요한 한 가지이다.

문제의 본질을 논리적으로 쉽게 이해할 수 있고, 쉽게 판단할 수 있는 것은 문제로 인정하기 어렵다. 조직이나 사회적 차원에서 복잡한 문제는 양쪽에서 팔을 동시에 당기는 원리처럼 어느 한 쪽으로 편향됨이 없이 팽팽한 입장에서 서로가 양보할 수 없는 상황에서 발생하게 된다. 따라서 이렇게 까다로운 상황을 지혜롭게 해결하고 해소시키기 위해서는 리더에게 창의성이 요구된다.

문제해결에는 몇 가지 기본적인 단계를 거쳐 풀어가는 것이 바람직하다. 먼저 문제에 대한 명확한 정의를 내리는 것이다. 현상파악을 통해 사실을 객관적으로 찾아내야 한다. 그리고 해결을 필요로 하는 문제들을 나열한다. 둘째, 원인분석이다. 직접 · 간접적인 분석을 통해 근본적인 원인이 무엇인지를 찾아내야 한다. 셋째, 해결 방안을 모색한다. 일단 많은 아이디어를 모아야 하는데, 어떤 아이디어도 좋다, 나쁘다 미리 판단하지 않아야 한다. 질보다는 양이다. 그런 다음 모아진 아이디어를 확인하고, 수정하고, 분류하고, 가공해서 해결 방안을 선택하는 것이다. 이때 선택하는 방법은 실행 가능성이 있어야 한다. 마지막 네 번째 해결책으로 채택된 방안에 대한 목표와 실행계획을 수립해야 한다. 언제까지, 어느 수준까지, 무엇을 먼저 해야 할지, 누구에게, 언제, 어디서, 어떤 방법으로 실천할 지에 대한 계획을 세우는 것이다. 즉 장기, 중기, 단기 목표를 구체적으로 수립해야 한다.

다음은 창의적인 아이디어로 복잡한 문제를 해결한 사례이다. 프랑스 어느 도시의 주상복합단지 골목에서 주민들 사이에 심한 갈등으로 민원이 발생하였다. 아래층에 있는 상가에서 야간 영업을 하면서 일주일 내내 시끄러워 위층 주민들의 수면을 방해했다. 특히 노천카페가 많다 보니 심각한 상황이 계속되었다. 우리 사회에서도 흔히 볼 수 있는 이웃 간의 소음 분쟁, 감정 싸움은 가끔 칼부림까지 가는 극단적인 결과를 가져오기도 한다. 그러나 서로의 입장이 다른 상황에서 프랑스식 해결책은 적당히 절충안을 가지고 협의하려는 것이 아니라 양쪽을 다 수용하는 창의력을 발휘하여 까다로운 문제를 지혜롭게 해결하였다. 밤잠 설치는 주민들의 민원에 파리시가 내놓은 해법은 예술이었다.

왁자지껄한 노천카페를 돌며 짙은 분장을 한 피에로들에게 거리 공연을 펼치게 했다. 우스꽝스런 표정과 과장된 몸짓, 하지만 소리를 전혀 내지 않는 무언극이었다. 시민들이 그 공연에 집중하다 보면 어느새 그 일대는 신기할 정도로 조용해지고 서로를 존중하는 느낌이 들면서 효과가 있었다고 평가하고 있다. 무언극 관계자는 '예술을 통해 사람들에게 놀라운 마법의 순간을 선사하죠. 파티처럼 즐겁게 조용히 해달라는 메시지를 전달하는 겁니다'라고 밝혔다. '밤의 피에로'라 불리는 이 무언극단은 시끄러운 취객들을 재치 있게 조용히 만들어 보자는 아이디어에서 시작됐다고 문제해결 과정을 설명한다. 잘못하면 심각한 감정 싸움으로 번질 수 있는 문제를 예술을 통해 갈등을 해소하고 새로운 도시의 명물로 자리 잡게 한다는 것은 조직에서 문제해결 능력이 리더의 핵심역량이라는 것을 잘 설명해 주고 있다.

리더십의 핵심역량에는 크게 문제해결 능력, 인간관계 능력, 지식 등을 들 수 있는데, 이 중에 핵심역량은 문제해결 능력에 해당한다. 인간관계 능력도 구성원들과 공감대를 형성하여 조직의 공동 목표를 달성하는 과정에서 발생할 수 있는 문제를 함께 해결하기 위한 노력이고, 지식도 다양한 지식을 융합하여 문제해결을 위한 창조적인 아이디어를 만들어 내는데 의미를 두고 있다. 리더는 조직의 성공적인 업적을 만들기 위한 창의적 문제해결 능력을 향상시키는데 집중해야 한다.

[통합적 영역]
BRICS 사고의 틀로
담아내는 능력

벽에 붙어 있는 수도꼭지에서 물이 흘러 나와 바닥에 물이 계속해서 고이고 있었다. 이 상황을 목격한 두 사람은 걸레로 바닥의 물기를 훔친 다음 다시 양동이에 걸레의 물기를 짜며 열심히 고인 물을 없앴다. 과연 이 두 사람은 그들의 눈앞에 벌어진 상황을 해결할 수 있을까? 절대로 해결할 수 없다. 바닥에 나타난 증상은 벽면의 수도꼭지가 고장 났기 때문이다. 즉 현상으로 나타난 증상을 치료하기 위해서는 그 원인을 치료해야만 똑같은 증상(문제)이 나타나지 않는다.

지금까지 홀리스틱 리더십의 요인들 중 4가지 영역에 대한 설명을 해왔다. 그러나 이론적으로 이해하고 있는 4가지 영역의 능력들은 급박하게 돌아가는 현장에서 적용하기는 쉽지 않을 것이다. 예컨대,

2장 홀리스틱 리더십을 발휘하라

관계를 개선하기 위해 감정 관리에 노력하는데도 좀처럼 뜻대로 되지 않거나, 창의적 아이디어를 발휘하려고 해도 잘 안 되는 등 이론적으로 이해한 것을 현장에서 실천으로 옮기는 것이 쉽지 않다.

앞서 언급한 내용 중에 자기 인식에 대한 의미를 기억할 것이다. 그동안 조직에서 인적자원 개발업무를 하면서 느낀 것과 개인적인 비즈니스를 통해 많은 사람들과 접촉하면서 경험한 결과, 사람들이 자기 자신의 상황을 받아들여 해석하거나 다양한 관점에서 사물과 현상을 바라보는 '사고의 틀'에 대한 인식이 부족하다는 사실을 알았다. 바로 '사고의 틀'이 원인인 것이다. 현대인 대부분은 '이분법적 틀'에 훈련되어 어떤 상황이라도 그 틀에 담아 해석하려는 경향이 크기 때문에 전과 다른 결과를 기대하기가 어렵다는 것이다.

결국 신체적 · 정신적 · 정서적 · 개념적 영역의 리더십의 핵심 요인들을 모두 담아내는 자신의 '사고의 틀'에 대한 인식이 우선되어야 함을 다시 한 번 강조한다. 물고기 잡는 법을 배우게 되면 자신이 원하는 고기를 마음껏 잡을 수 있듯이, 지금부터 설명할 'BRICS(브릭스) 사고의 틀'은 앞서 설명한 홀리스틱 리더십의 4가지 영역의 세부 실천 능력들을 현장에서 적용하는데 큰 도움이 될 것이다. 그래서 'BRICS 사고의 틀'은 홀리스틱 리더십의 핵심 요인이라고 할 수 있고, 조직 생활에서만이 아니라, 가정에서도 사회에서도 언제 어디서든 적용이 가능하다.

'BRICS'는 리더로 하여금 인문학적으로 사고하게 함으로써 리더십을 발휘하는데 지혜로움을 더할 수 있게 한다. 'BRICS'는 세 단계의 과정을 통해 새로움을 창조할 수 있는 '사고의 틀'이다. 먼저 B&R(Balance & Reception)이라는 균형과 수용의 과정을 거쳐, 전체를 아우르고 서로를 연결하는 포괄과 연결(Inclusion & Connection) 과정을 반복하는 과정에서 자연스럽게 새로움이 나타나는 승화(Sublimation) 단계에 이르는 과정이다. 이는 세 단계가 각각 나누어져 있는 것이 아니라 셋이 하나의 연속과정에 있다고 볼 수 있다.

균형과 수용(Balance & Reception)

새로운 가치는 균형으로부터 시작된다

균형이란 어느 한쪽으로 기울거나 치우치지 않고 고른 평형 상태를 말한다. 균형은 서로 동일한 모습으로 마주 보며 짝을 이루고 있는 대칭의 균형과 색채나 형태가 다르면서 평형을 유지한 비대칭 균형으로 나누어 볼 수 있다.

인간생활에서도 상황에 따라 대칭의 균형과 비대칭 균형을 노력하면서 살아가야 하는데, 요즘의 사회적 분위기는 그렇지 못하다. 물론 서로의 생각과 방향이 동일하게 되면 균형감각을 유지하는 것은 그리 어렵지 않다. 그러나 '아군 아니면 적'으로 구분하는 이분법적 사고로 훈련된 사회는 서로의 '다름'을 '틀림'으로 해석하는 경향이 높기 때문에 비대칭 균형을 이루기가 어렵다.

사회발전은 진보와 보수가 비대칭 균형을 가지고 협력해 나갈 때 기대할 수 있다. 사회적 문제를 해결하는데 모두가 찬성하는 것도 옳다고 볼 수 없고, 모두가 반대하는 것도 옳다고 할 수 없다. 서로가 다름을 인정하고 더 옳은 것을 위해 서로 협력할 때 창조적인 결과를 만들어 갈 수 있다. 그러나 아직까지도 우리 사회는 흑백논리에 사로잡혀 모든 사회적 문제를 해결하려다 보니 해결되기보다는 문제들은 누적되어 가고, 대립과 갈등의 골은 더 깊어져 언제 폭발할지 모르는 화산의 마그마처럼 더 큰 잠재적 위기를 예고하고 있다.

이러한 사회적 분위기는 조직적 차원에서도 점검해 볼 필요성이 있다. 조직의 리더는 과거의 경험을 근거로 생각을 다시 해 볼 때가 된 것 같다. 무엇을 이루었는가에 대한 결과론도 중요하지만, 어떻게 생각했는가에 무게중심을 두고, 생각하는 방법에 대해 조직적 차원에서 성찰해 볼 필요성이 있다는 것이다.

조직의 혁신적인 변화는 기존의 관행대로 '할 수 있는 것'을 할 때보다는 한 번도 해보지는 않았지만 조직의 목표가 원하는 조건을 위해 '해야만 하는 것'을 위해 노력할 때 혁신적인 변화가 시작될 것이다. 더구나 현 시대는 창의적인 변화를 요구한다. 창의적인 변화를 위해서는 리더가 사고의 균형을 잃어서는 안 된다. 창조는 균형으로부터 시작되기 때문이다.

성장하는 조직은 새로운 변화를 시도하기보다 상사의 눈치만 바라보고 승진을 위해 온갖 아부만 떠는 개인주의적인 리더들에 의해 만들어지는 것이 아니다. 공동체의식을 가지고 옳은 일이라면 용기 있게 추진하는 리더들에 의해 만들어져 간다.

균형과 수용은 다름을 온몸으로 인정한다는 의미를 포함한다. 즉 마음으로는 균형감을 찾았는데, 행동으로 표현되지 못한다는 것은 다름을 실천할 수 없기 때문에 수용했다고 볼 수가 없다. 예컨대 홀리스틱 리더십을 발휘하려면 인간의 몸과 마음과 정신이 하나로 연결되어 있다는 것을 이해해야 하는데, 평소 몸 관리를 소홀히 한다는 것은 아는 것과 행동하는 것이 다를 수 있기 때문에 리더십을 실천하는데 어려움이 있을 수밖에 없다.

또한 감정 관리나 창의적 문제해결을 위해선 타인의 감정을 이해하고, 다른 사람들의 생각을 공유하면서 새로운 아이디어를 이끌어내야 함에도 불구하고, 이해하는 것과는 달리 구성원들을 무시하고 독단적으로 의사결정을 한다면 리더십이 발휘되기는 힘들 것이다. 더구나 지식과 정보가 넘쳐나는 요즘, 많은 양을 수집해 놓고 융합하려는 노력을 멈춘다면 변화를 주도해 갈 수 없다. 이미 그 사이에 해당 정보는 다른 곳에서 활용되고 있기 때문이다. 따라서 아는 것과 행함이 일치할 때 비로소 진짜 '아는 것이 힘'이 된다.

앞서 언급한 균형감각을 가지고 다름을 인정하고 수용할 때에, 머리로만 받아들이는 것이 아니라 행동으로 자연스럽게 표현할 수 있을 경우에 비로소 수용의 의미를 이해한 것이라 할 수 있다.

아무리 좋은 생각과 지식을 지녔더라도 꾸준히 실천해야 함은 옛 성현들도 중요하게 여겼다. 맹자(孟子)는 제자인 고자(高子)에게 '산속의 작은 오솔길도 사람들이 꾸준히 지나다니면 큰 길이 되지만, 내버려 두면 풀이 우거져 사라져 버리고 마는 법이다'라는 말로 꾸준한 실천을 강조한 바 있다.

리더십은 예행연습이 없다. 현장에서 나타나는 행동이 곧 리더십의 결과로 평가된다. 때문에 리더는 균형과 수용의 자세를 생활 속에서 실천하는 사람이어야 한다. 물론 아는 것을 행동으로 곧바로 표현하는 것은 쉽지 않다. 그러나 반복된 훈련을 통해 새로운 습관을 들여야 한다. 수용은 받아들인다는 뜻으로 해석된다. 스펀지에 물이 흡수되는 것처럼 말이다.

다름을 인정하는 가장 기본적인 태도가 역지사지(易地思之)를 실천하는 것이다. 그런데 역지사지를 머리로 이해하는 것과 행동으로 실천하는 것이 힘들다는 것을 함께 체험해 보기로 하자.

먼저 나와 여러분이 서로 마주보고 있다고 상상해 보자. 그리고 내가 여러분에게 무엇인가를 보여주면서 질문하면 역지사지 입장에서 무엇이 보이는지 3초 이내에 답을 해보기 바란다. 내가 오른손을 주머니에 넣고 무엇인가 만지작거리다가 여러분을 향해 갑자기 오른손을 빼면서 아무것도 손에 쥔 것 없이 손바닥을 펼친 상태로 보여준다. 여러분은 역지사지 입장에서 무엇이 보이는가? 하나, 둘, 셋. 그만……. 여러분의 답을 말해 보라. 대부분의 사람들은 손바닥이 보인다고 답할 것이다. 더러는 손금이 보인다고 말하는 사람들도 있다. 실감이 나지 않으면 가까이 있는 사람과 한 번 실험해 보는 것도 좋다. 내가 기대하고 요구하는 답은 손등이다. 여러분의 입장에서 보면 나의 손바닥이 보이겠지만, 역지사지인 나의 관점에서 보면 손등이라 말할 수 있는 것이다. 이처럼 역지사지는 늘 일상생활에서 이해하고 있는 사자성어임에도 불구하고 그것을 실제 행동으로 옮기는 사람은 그리 많지 않다.

이와 같이 지식으로 이해하는 것은 짧은 시간에 가능하지만, 그것을 행동으로 실천한다는 것은 과거의 습관으로부터 자유롭지 못하기 때문에 쉽지 않다. 시간을 두고 반복된 훈련이 요구된다. 물론 과거의 습관에 못 이겨 중도에 포기하면 노력한 시간에 상관없이 한순간 곧바로 원점으로 돌아간다. 이것은 필자가 직접 겪은 바이기에 자신있게 조언하는 것이다.

서로 다른 것을 수용하고 융합하여 새로움을 창조하라

맹자가 이르길 '군자가 널리 배우고 습득한 뒤 융합(融合), 관통(貫通)하면 진리를 깨우칠 수 있다'고 했다.

조직도 사람과 마찬가지로 살아 숨쉬는 생명체와 같아야 한다. 조직은 다양한 재능과 성향을 가진 구성원들과 각기 다른 부서, 팀 등이 모두 모여 하나가 되며 공존해야 한다. 즉 여럿이 하나가 되어 공존하는 동시에 하나가 된 여럿은 서로 융합하여 새로움을 창조해 나가야 한다. 따라서 리더는 서로 다른 것을 아우르면서 조직의 창조적 변화를 이끌어야 한다.

먼저 조직의 구성원을 전인적 인격체로 예우하는 조직 문화라면 남녀 성별에 대한 차이를 틀리게 해석하는 것이 아니라 다르게 해석해야 한다. 예컨대 인류번영을 위해서도 남녀가 서로 만나서 사랑을

2장 홀리스틱 리더십을 발휘하라

하고 출산을 하면서 새로운 탄생을 이어갈 때 가능한 것이다. 이와 같이 조직에서도 남녀 성별차이를 인간자체로서 다른 본능적 특성을 가진 존재로 인정하고 서로가 어우러져 새로운 시너지를 만들어 내야 한다.

본래 남성은 물리적 힘이 강하고, 추진력이 강한 공격적인 특성을 가진 반면 여성은 남성에 비해 감성적이고 섬세함이 뛰어나다는 특성을 가지고 있다. 따라서 리더는 섬세하고 감성적인 면을 가졌으나 강한 추진력으로 도전하는 사람이다. 즉 부드러우면서 강해야 하고, 강하면서도 부드러움이 겸비한 리더가 창조적인 변화를 이끌어 나갈 수 있는 것이다. 어느 한쪽으로 기울어진 리더는 구성원들에게 감정 이입이 어려우므로 남녀의 본능적인 특성을 잘 아울러서 모두가 함께 변화에 동참할 수 있는 영향력을 발휘해야 한다. 최근엔 여성의 사회적 참여가 늘어나고 있어 더욱 더 남녀 성별 차이에 대한 올바른 인식이 중요한 시점이라고 생각된다.

둘째, 업무 경력에 대한 차이를 다르게 인식하고 인정해야 한다. 업무 경험이 많고 직급이 높다는 것만으로 조직의 변화를 촉진하는 모든 조건을 갖춘 것은 아니다. 경력이 많다는 것은 경험이 많다는 장점도 가지고 있지만, 관행적인 업무 태도에 익숙하다는 단점도 가진다. 그러나 경력이 적은 신입사원일 경우에 업무 경험이 적다는 단점도 있지만, 신선한 아이디어를 제공할 수 있는 장점도 가지고 있다. 더구나 최근 조직에서는 경력자와 신입사원 간에 세대차이가 많이 나기 때문에 더욱 더 경력에 대한 차이를 다르게 인식하여 모두가 하나되어 변화를 위한 대안을 모색해 가는 것이 리더의 역할인 것이다.

셋째, 각기 다른 업무 특성을 가진 부서 간의 차이를 인정하고, 서로 융합을 통해 하나의 비전을 위한 협력을 도모해야 한다. 조직에서 부서에 대한 구분을 크게 영업부서와 관리부서로 구분할 수 있다. 영업부서는 일선에서 조직의 경영 성과를 위해 발로 뛰는 업무적 특성을 가지고 있다면, 관리부서는 영업부서가 일선에서 열심히 활동할 수 있도록 지원하는 특성을 가진다. 그러나 관리부서가 지원이 아닌 관리, 통제 등의 업무만을 강조한다면 부서 간의 균형은 깨지게 된다. 부서 간의 균형이 깨진 조직의 특징은 서로의 권리만을 주장하는 권위적인 태도로 갈등만을 야기시켜 협력적이고 지원적인 업무가 불가능해진다.

전투가 벌어지는 상황에서 일선에서 싸우고 있는 아군에게 보급품을 지원하는 부대가 권위만을 내세우고 기분에 따라 지원여부를 결정한다면 모두가 전쟁에서 패배할 것이다. 이와 같이 조직에서 업무의 특성을 고려하여 부서를 구분하는 것은 협력과 지원을 통해 성장을 하기 위함이다.

이처럼 서로 다른 것이 어우러져 새로움을 창조해 내는 과정을 김치가 완성되는 원리를 통해 이해할 수 있다. 김치가 완성되는 원리를 다섯 단계로 설명이 가능하다. 첫째, 가능상태이다. 김치가 아직 버무려지지 않은 상태로 존재하는 상태를 말한다. 즉 가능상태는 김치로 될 수 있는 가능한 상태이지만 아직 진정한 김치의 맛은 나타나지 않은 것이다. 재료가 분리된 상태이기 때문이다.

2장 홀리스틱 리더십을 발휘하라

둘째, 혼돈상태이다. 김치재료를 버무려 공존을 위한 통합이 이루어지는 상태를 말한다. 혼돈상태는 아직 김치로서의 역할을 하지 못하지만 그렇다고 가능상태처럼 재료가 분리된 상태는 아니다.

셋째, 질서상태이다. 혼돈상태의 김치가 적당히 익은 상태를 말한다. 즉 김치가 가진 역동적인 에너지가 우리에게 빠른 속도로 몸에 흡수될 수 있는 적당한 상태를 말한다. 이때부터 진짜 김치이고, 김치의 정체성을 드러내는 것이다.

넷째, 성취상태이다. 부패가 되지 않도록 자연환경을 최적화한 상태를 말한다. 자연상태에서는 항상 변화 중이어서 변화의 시작과 끝을 최적화시킴으로써 이 김치는 오랫동안 최적화를 유지할 수 있다. 겨울에 김치를 땅에 묻어두는 일이나, 최근에는 김치냉장고를 활용하여 김치를 최적화하는 단계를 의미한다.

다섯째, 완성상태이다. 최적화된 환경에서 숙성된 김치는 인간에게 꼭 필요한 영양소인 비타민과 무기질을 섭취할 수 있게 한다. 즉 우리가 먹고 건강을 지킬 수 있게 함으로써 신체를 최적화할 수 있는 상태를 말한다. 완성상태의 김치는 겨울철에도 필요한 비타민과 무기질을 섭취할 수 있는 음식이기 때문이다.

이처럼 김치를 통해 여러 가지 다양한 요소들이 어우러져 전체로 통합되어 하나의 새로운 유기체로 완성되어가는 원리를 이해할 수 있다. 그러나 무질서상태에서 완성상태에 이르기까지 순간 서로 다른 요소들 간의 균형이 무너지면 한순간 위기상태로 전락할 수 있고, 그 위기 상태를 극복하지 못한다면 완전히 파괴된 무질서 상태가 된다는 사실이다. 즉 먹을 수 없고 해로운 부패된 김치가 된다.

마지막으로 서로 다른 것을 아우르면서 조직의 창조적 변화를 이끌어 내기 위해서는 관점의 차이를 인정하는 것이다. 구성원들의 다양한 관점을 인정할 때 새로움이 창조될 수 있는 기틀을 마련하게 된다. 예를 들어 하나의 사물과 현상을 두고 부정적 관점과 긍정적 관점으로 다르게 해석할 수 있다. 이럴 때 어느 한쪽을 강조하게 되면 창조적 변화는 기대할 수 없게 되고, 조직 내부의 갈등은 커져 문제 해결은 어렵게 된다. 새로운 창조는 서로를 아우를 때 가능해지는 것이다. 한쪽만을 강조한 결과와 창조적 결과를 이끌어 낼 수 있는 과정이 어떻게 다른 것인지 다음의 사례를 보면 이해하기가 쉽다.

한때 조용히 추진되던 박정희 대통령 기념관 건립사업에 문제가 발생하게 되었다. 건립을 반대하는 사람들이 생긴 것이다. 그래서 찬성과 반대파 간의 대립이 심각한 사회적 이슈로 등장했다.

서로 입장마다 분명한 이유가 있다. 찬성하는 쪽에서는 경제적 측면에서 국가경제발전에 기여한 업적을 기념하여 교육적 가치로 활용하자는 주장이다. 또한 반대하는 쪽에서는 정치적으로 박정희 대통령은 독재자이며, 인권을 유린했고 민주화를 방해했기 때문에 독재자가 다시는 나오지 않게 하기 위해서라도 기념관을 세워서는 안 된다고 주장한다. 이렇게 양쪽의 입장이 갈리면서 큰 갈등과 대립의 상황이 지속되다가 2012년 2월쯤 박정희 대통령 기념관이 건립되었다.

그런데 문제는 지금도 갈등의 고리가 풀리지 않고 그 골이 더 깊

2장 홀리스틱 리더십을 발휘하라

어져 가고 있다는 것이다. 현 지역구 의원은 선거공약으로 기념관을 어린이 도서관으로 전환한다는 강한 의지를 표명하고 있고, 기념관 측은 반대운동을 하는 사람들을 불순세력이라 몰아붙이며 대립하고 있다. 이 싸움은 쉽게 끝나지 않을 것 같다. 서로 다름을 틀리다고 해석하는 오류를 범하고 있기 때문이다.

이렇게 갈등의 골이 깊어져 가는 박정희 대통령 기념관을 통해 새로운 가치를 만들어 낼 수 있는 방안을 전문가의 견해를 빌어 설명해 보고자 한다. 즉 다름을 다르게 인정하는 균형의 실체를 함께 공감해 봤으면 한다.

입체사고샘소딩센터 임광운 원장은 그 당시 실제로 제안서를 작성하여 제출하였으나 문전박대를 당했던 경험을 가지고 있고, 그 후 그의 책을 통해 제안했던 내용을 소개하고 있다. 그의 해석에 따르면, 양측의 입장은 '틀린 것'이 아니라 '다른 것'이라고 주장한다. 서로 '보는 눈'이 다르기 때문에 양측 주장은 다르다는 것이다. 그런데 양측은 '다른 것'을 '틀린 것'으로 보고 있다. 즉 '나는 옳고 너는 틀리다'라는 식의 이분법적 사고를 지적한다. 양측의 주장이 논리적으로 오류가 없으면 그것은 틀린 것이 아니라 다른 것이기 때문이다.

다름을 인정한다는 것은 '나도 옳고, 너도 옳다'라는 식의 사고 구조로 설명한다. 결국 다름을 인정하는 사고의 구조는 '나도 옳고, 너도 옳다. 그리고 더 옳은 것을 찾아보자'라는 식의 사고로 승화될 수 있게 되어 새로운 가치를 만들어 갈 수 있다고 강조한다. 이렇듯 입체적인 사고의 틀로 해석된 제안서를 그림으로 표현하면 다음과 같다.

A관
경제
〈긍정적 측면〉

C관
긍정에서 부정을
부정에서 긍정을
〈긍정·부정〉을 떠
나 새로운 가치를

B관
정치
〈부정적 측면〉

박정희 대통령 기념관의 입체적 제안

　그는 첫 번째로 기념관에서 입체적 교육관으로의 전환을 제안했
다. A관은 경제업적을 기념하자는 측의 주장대로 박정희 대통령 관
련 경제자료를 전시한다. 그들이 주체가 되어 꾸미게 함으로써 경제
측면의 교육적 의미를 담아내게 한다. B관은 박정희 대통령의 인권
유린을 부각시키면서 다시는 이런 정치 후진국의 형태가 있어서는
안 된다는 내용의 관련 자료를 전시한다. 그렇게 하여 정치적 측면
의 교육적 가치를 담아낼 수 있게 한다. 그리고 C관은 앞으로 채워야
할 공간으로 비워둔다.

　그래서 우리들과 후손들이 A관을 보면서 경제라는 긍정적 측면을,
B관을 보면서 정치라는 부정적 측면을 자유롭게 보고 판단하게 하
는 것이다. 그리고 나서 C관에 모여 긍정에서 부정을 보고, 부정에
서 긍정을 본 내용을 가지고 자유롭게 토론하며 우리들의 생각으로
채우고 정리하여, 앞으로 국가의 미래를 이끌어 갈 리더는 어떤 인

　　　　　　　　2장 홀리스틱 리더십을 발휘하라

물이 나와야 되는지에 대한 기준을 국민 스스로 정하는 것이다.

마지막으로 기념관 이름을 '박정희 대통령 기념관'에서 '우리가 보는 박정희'로 바꾸는 것도 훌륭한 제안이라고 생각한다. '우리가 보는 박정희'는 국민이 주인이 되어 박정희라는 인물을 입체적으로 생각해 볼 수 있는 기념관이 될 수 있다. 그러면 우리도 살고 후손들도 살게 되고, 박정희라는 인물은 우리들에게 교훈적인 자료를 제공해 주는 인물로 영원히 함께 살게 된다고 주장한다.

이처럼 균형감을 가지고 서로의 차이를 다르게 해석한 결과 사회적 갈등은 당연히 사라지게 되고, 문제를 해결하거나 해소시키는 지혜를 배우게 되는 것이다. 그럼에도 현재의 박정희 대통령 기념관을 둘러싸고 서로 일방적으로 한쪽 면만을 강조하고 있어 사회적 갈등의 불씨를 키워가고 있다.

이제는 깨닫고 달라져야 한다. 균형 감각이 깨져 버린 공간에 조직을 방치한다면 그 조직의 경쟁력은 기대할 수 없으며 흑백논리에 갇혀서 대립과 갈등만 만연하게 된다. 따라서 리더는 생각의 균형을 잃고 치열한 경쟁 속에서 미래가 불투명한 상태로 바쁘게만 움직이는 조직이라고 판단되면, 잠시 쉼표를 찍고 균형감각을 점검해 보아야 한다. 아울러 지금부터 각기 이질적인 재료들을 버무리려는 습관을 가져보길 바란다. 어떤 것이든 상관이 없다. 인간관계, 업무적 관계, 미래설계, 창의적 문제해결 등 조직 발전을 위한 다양한 요인들을 균형과 수용적 태도로 실천하는 리더가 되었으면 한다. 지나온 과거는 바꿀 수 없지만, 미래는 바꿀 수 있기 때문이다.

포괄과 연결(Inclusion & Connection)

인크루전(포괄)은 넓이를 위한 과정이다

가끔 비행기를 타고 이륙할 때마다 아래를 내려다보는 순간은 넓은 세상이 한눈에 보이는 것 같아 마음이 풍요로워지고 머리가 시원해지는 느낌을 받곤 한다. 모처럼 복잡한 도시생활을 벗어나 높은 곳으로 올라가 넓은 세상을 바라보니 그동안 보지 못했던 것들을 볼 수 있어 신비롭고, 크고 작은 복잡한 일들이 그렇게 대수롭지 않게 느껴질 때가 있다.

이처럼 포괄은 넓게 보는 전체적 안목을 의미한다. 전체적 안목은 다양한 지식과 정보를 통해 서로 다른 생각들을 공유할 수 있다. 또한 본질을 꿰뚫어 보게 되고, 새로운 가치 창조를 위한 수많은 재료를 확보할 수 있게 도와준다. 꼭 높은 곳에 올라가야만 많은 것을 볼 수 있는 건 아니다. 조직의 현실세계에서도 늘 전체적인 안목을 가지고 리더십을 발휘할 때 비로소 새로운 가치를 위한 유용한 재료를 확보할 수 있게 된다.

뛰어난 건축가는 전체적인 안목을 가지고 다양한 관점에서 입체적으로 접근하여 아름답고 가치 있는 집을 설계한다. 드라마를 즐겨

2장 홀리스틱 리더십을 발휘하라

보지는 않지만 가끔 주말 저녁이면 아내 어깨 너머로 보곤 하는데 최근 모 방송사의 '내딸 금사월'이라는 드라마 중 인상적인 장면이 있었다. 주인공들의 직업은 건축가로 건축의도를 반영한 설계도를 제출하여 평가받는데, 풋내기지만 여주인공인 그녀는 예전부터 개발 부지 한가운데 있었던 커다란 나무 한그루를 없애지 않고 그 주위에 자연스럽게 건축물을 배치한다는 기획을 하여 수주하는 데 성공한다. 즉 주위환경을 최대한 자연친화적으로 고려한 설계안을 제시함으로써 좋은 평가를 받은 것이다. 이처럼 훌륭한 건축가는 건축물뿐 아니라 건축물이 들어설 주위의 자연환경까지 고려하는 전체적이고 미래지향적인 안목이 중요하다.

전체적인 안목을 갖는다는 것은 일단 옳고 그름을 판단하지 않는다는 것을 의미한다. 동전의 가치는 앞면과 뒷면 그리고 옆면까지 동시에 인정될 때 그 가치를 인정받게 된다. 그런 것처럼 인간생활에서도 늘 밝은 면과 어두운 면이 동시에 존재하기 마련이다. 긍정이 있으면 부정이 있어야 하고, 부정이 있기 위해서는 긍정이 있어야 한다. 그래서 긍정과 부정은 뗄 수 없는 동전의 양면과 같다. 또한 성공의 이면에는 실패의 과정이 있고, 실패의 과정 속에 성공의 기회를 찾을 수 있는 것이 세상의 이치인 것이다. 이렇게 우주에 존재하는 모든 것에는 음과 양이 동시에 존재한다.

그러나 사람들은 일반적으로 모두를 위한다는 이유로 자신의 판단기준으로 한쪽만을 강요하는 오류를 범하고 있다. 이 세상 사람들 중에 똑같은 사람은 없고, 사람마다 살아온 환경이 다른 것처럼 모든 것은 나와 다른데도 내 입장과 생각만을 고집하여 틀렸다고 해석한다.

법륜 스님 역시 '내 생각이 무조건 옳지 않듯이 다른 사람 생각도 무조건 틀리지 않다'라고 말한 바 있다. 어느 날 스님에게 '고집 센 남편이 법문을 듣고 마음을 바꿨으면 좋겠다며 남편을 절에 데리고 올 좋은 방법이 없겠느냐'는 상담을 신청한 분이 있었다. 스님은 그 분의 마음에는 내가 옳고 남편은 틀렸다는 생각이 전제되어 있어 무조건 남편의 고집을 꺾으려는 의지를 보았다. 사실 남편의 고집을 꺾으려는 부인의 고집이 더 센 것을 일러주면서 내가 남에게 내 생각을 고집하면, 고집하는 내가 더 괴롭게 된다고 전해주었다고 한다. 당신 생각이 틀렸으니 고쳐야 된다고 주장하는데도 안 고쳐지니 오히려 자신이 더 괴롭다는 것이다. 결국 스님은 부인에게 '당신 생각이 옳아요'하며 남편 고집이 세다는 자신의 생각부터 한 번 버려보기를 권유했다는 것이다.

이처럼 대립과 갈등으로 자신의 입장만을 고집하는 숨 막히는 조직 문화를 바꾸기 위해서는 리더부터 전체적인 안목을 키우는 노력을 해야 한다. 남이 바뀌길 기다리는 것보다 리더가 먼저 자신을 바꾸는 것이 훨씬 쉽기 때문이다.

일단은 나의 생각에서 힘을 빼라. 나의 일방적인 생각, 선입견, 고정관념 등 한쪽으로 치우친 강한 생각은 금세 부러질 수 있다. 진정으로 강해지고 싶다면 부드러움을 겸비해야 한다. 대장간에서 호미가 만들어지는 과정을 보면 강함과 부드러움의 조화가 왜 중요한지

2장 홀리스틱 리더십을 발휘하라

를 알 수 있게 된다. 하나의 쇳덩어리가 뜨거운 불구덩이에 들어가면 부드러워지고, 찬물에 들어가면 다시 강해진다. 이렇게 냉온 양쪽을 오가며 강함과 부드러움이 반복되는 과정 속에서 망치로 힘을 조절해가며 다양한 방향에서 두드리는 과정을 거치면서 튼튼한 호미가 완성되는 것이다.

이는 인간사회에도 그대로 적용되는 이치다. 중국 주(周)나라의 문왕과 무왕을 도와 부패한 은(殷)나라를 멸망시키고 주나라의 기틀을 마련한 강태공(姜太公)이 지은 것으로 알려진 병법서 ≪육도삼략(六韜三略)≫에도 '진정 강하고 큰 인물은 유(柔)와 강(强)의 양면을 취해 군대와 백성을 살피며 베푸는 사람'이라고 묘사되어 있다.

강함과 부드러움이 겸비될 때 비소로 유연한 사고를 가질 수 있게 된다. 유연한 사고란 모든 것을 포괄할 수 있는 여유 있는 사고를 말한다. 그래야 지금보다 더 밝은 미래를 준비할 수 있다. 결국 전체적인 안목을 갖는다는 것은 강함 속에 부드러움이 있고, 부드러움 속에 강함이 존재한다는 것을 의미한다. 또한 긍정 속에 부정이 있고, 부정 속에 긍정이 존재한다는 것이다. 있는 그 자체를 인정하여야 한다. 인크루전에는 옳고 그름이 없다.

연결은 깊이와 높이를 더하는 과정이다

연결은 분명한 목적성을 가지고 사람이 어떤 대상을 다른 대상과 또는 사람이 둘 이상 서로 이어지거나 관계를 맺는 과정을 말한다. 여기서 말하는 연결이란 전체적 안목으로 포괄한 후 서로를 합할 수도 있고, 서로의 관계에서 뺄 수도 있고, 곱하기를 할 수도 있다. 그리고 서로를 연결한 후 나누어 생각해 볼 수도 있다. 또한 순서를 바꿀 수도 있고, 이질적인 것으로부터 새로운 생각을 만들어 낼 수도 있다. 연결에는 정답이 없고 경계도 없다. 따라서 연결은 자유롭게 새로운 가치를 만들어 내기 위해 의도적으로 고민을 즐기는 과정을 말한다.

연결은 깊이와 높이를 더하는 것이다. 여기서 말하는 연결은 여럿으로 흩어져 있는 의견이나 사상 따위를 모아 하나로 정리하거나 받아들이는 수렴적 의미와는 차원이 다른 의미를 갖는다. 다시 말하면 연결을 통한 깊이와 높이는 수렴적 의미를 넘어 새로움을 창조한다는 의도된 목적을 분명하게 가지고 있다. 깊이를 위한 연결 방법 몇 가지는 다음과 같다.

첫째, 서로를 더하는 방법이다. 독립적인 생각으로도 가치가 있겠지만 둘이 합치면 더 큰 가치를 발휘할 수 있도록 생각해 보는 것이다. 바늘과 실은 각각 개체로서의 가치도 있지만 서로 합쳐져서 더 많은 가치를 발휘한다. 너트와 볼트도 역시 작은 물건이 서로 연결되어 큰 건물을 지탱할 수 있는 위력을 발휘한다. 연필과 지우개역시 마찬가지다. 이처럼 하나의 생각에 다른 사람들의 의견을 추가해 나가는 방법이다. 그래서 내용의 깊이와 높이를 만들어 가는 방법이다.

둘째, 하나에서 무엇인가를 빼내는 방법이다. 여러 생각에서 필요하지 않은 것을 뺄 수도 있고, 하나의 생각을 더 구체적이고 압축하

2장 홀리스틱 리더십을 발휘하라

기 위해 빼도 되는 것을 생각해 보는 방법이다. 요즘의 노트북은 과거에 비해 더 가볍고 얇고 세련된 디자인에 성능도 훨씬 좋다. 창조적 아이디어를 위해서는 생각도 다이어트가 필요할 때가 있다.

셋째, 그룹핑(grouping)과 클러스터링(clustering) 방법이다. 많은 정보가 모여 있을 때 1차적으로 유사한 의미를 가지고 있는 것끼리 묶고, 좀 더 구체적인 분석을 통해 주요 속성에 따라 유사한 것끼리 묶음별 핵심 키워드를 찾아내어 의미를 만들어 보는 방법을 말한다.

넷째, 하나의 주제를 가지고 무작위 사물을 선정하여 그 사물의 속성을 분석하고 주제와 연결해 보는 방법이다. 스마트폰의 가치를 이해하는데 컬러, 직사각형, 통합형, 터치기능 등의 여러 가지 속성들을 분석하고 연결하여 생각해 보는 방법이다. 자동차도 괜찮고 무엇이든 엉뚱하게 연결해 보는 과정에서 새로운 가치를 찾을 수 있다.

다섯째, 이것 대신에 저것으로 바꿔보는 방법이다. 롤러스케이트를 개발한 제임스 플림튼은 허리 수술을 받은 후 의사로부터 물리치료방법으로 스케이트를 권유 받고 스케이트를 열심히 탔다. 그러나 겨울이 지나 얼음이 녹고 더 이상 스케이트를 탈 수 없게 되자 고심을 했다. 그는 스케이트 칼날 대신에 바퀴를 달게 되면 계절에 상관없이 스케이트를 탈 수 있을 것이라는 발상을 했고 그런 연유로 만들어진 게 롤러스케이트이다. 이처럼 자신의 고민을 해결하는 방법으로 일상생활 속에서 이것 대신에 저것으로 바꾸면 어떨까 하며 노력하다 보면 좋은 대안이 나올 수 있다.

여섯째, 유사한 산업 또는 이종 산업에서 관심 주제와 관련된 것을 찾아 그 원리나 특성을 본인의 관심 주제나 프로젝트에 응용하는 방법을 말한다. 병원의 응급실 시스템이 F1 자동차 경주 대회에서 여러 명의 엔지니어들이 짧은 순간에 동시에 뛰어들어 각자 맡은 분야를 정비하고 빠지는 장면을 모방하여 만든 것처럼 말이다.

연결하는 과정에는 순서가 없다. 무엇을 먼저하고 나중에 한다는 약속된 순서가 없다. 순서보다 더 중요한 것은 새로운 연결을 시도한다는데 더 큰 의미가 있다. 또한 연결은 정해진 시간도 없고 어른 아이 가릴 것도 없다. 시도 때도 없이 연결해 보는 노력이 중요하다. 그리고 새로운 가치를 만들어 내는 과정에서는 근무 경력과 인생경험이 중요하기보다는 어떤 생각을 하느냐가 더 중요하다. 자칫 나보다 어린 사람의 생각이 더 주목 받는다고 건방지다느니 하는 유치한 생각은 넓이 속에 깊이 있는 가치를 창조하는데 방해가 될 뿐이다. 특히 넓게 그리고 깊이를 반복해 가는 과정에서 가장 주의할 것은 한쪽으로 치우친 생각으로 의사결정을 하는 것은 아닌지 항상 경계해야 한다는 점이다.

양자부정은 절대긍정의 가치를 만들어 간다

리더는 조직에서 발생하고 있는 다양한 문제들을 해결해 가는 과정에서 늘 선택을 강요받을 수밖에 없다. 그러나 어느 한쪽을 선택하기란 쉽지만은 않다. 한쪽을 선택하게 되면 다른 모순이 발생하기 때문이다. 예를 들어 분석 과정에서 긍정적인 측면을 고집하려고 하면 언제나 부정적인 측면이 방해하는 상황이 생기면서 고민을 하게

　　　　　　　2장 홀리스틱 리더십을 발휘하라

된다. 또한 장점만 보려고 하는데 단점이 눈에 밟히는 복잡한 상황일 때 대부분 장점이나 긍정을 강요받게 된다. 그러다 보니 새로운 결과를 만들어 내기보다는 적당한 타협으로 끝나는 경우가 많다.

그런데 적당한 합의는 얼마 지나지 않아 똑같은 문제를 수면으로 다시 떠오르게 만들며 조직의 근본적인 문제는 해결하지 못하는 법이다. 이를 해결할 수 있는 방법은 양쪽 모두를 포용하여 새로움을 창조해 가는 것이다.

리더십 개발 측면에서도 이젠 이분법적으로 '이것 아니면 저것'에서 '둘 다 모두'를 포용하는 방식으로 전환해야 한다. 원효대사도 일찍이 그의 명저 ≪대승기신론≫에서 입파무애(立破無碍_주장하거나 반대해도 걸림이 없다)는 양자택일의 사고(either A or B)를 넘어서 양자긍정의 사고(both A and B)와 양자부정의 사고(neither A nor B)까지 가면 입파가 자유로워진다고 밝힌 바 있다. 예를 들면, 한 사람의 앞모습, 옆모습은 다르지만 이 둘은 모두 그 사람의 모습을 나타낸다고 할 수 있다(양자긍정). 그런데 이 둘 다 그 사람의 전모는 아닌 것이다(양자부정).

노자(老子)는 ≪도덕경≫ 2장에서 유무상생(有無相生)을 강조하면서 있음과 없음은 함께 나왔다고 말하고 있다. 즉 어느 한쪽을 인정한다는 것은 다른 쪽이 있다는 의미를 함축하고 있음을 설명한다. 이렇듯 한쪽만을 강조하는 교육은 더욱 더 큰 부정의 씨앗을 품게 한다. 긍정과 부정은 늘 함께 하는 것이고, 장점과 단점도 함께 하는 것이기 때문에 양쪽을 아우르는 노력이 중요하다.

지금까지 언급한 내용들을 종합해 보면 첫째, 균형(balance)을 유지하여 서로 다름을 행동으로 수용(reception)해야 한다는 것이다. 둘째, 전체적인 안목(inclusion)을 가지고 서로 연결(connection)하고 또 그 과정을 반복한다. 셋째, 자연스럽게 새로움을 창조(sublimation)한다. 이와 같은 사고 과정을 'BRICS 사고의 틀'로 정의할 수 있다. 이렇게 '이분법적 사고의 틀'에서 탈출하여 'BRICS 사고'로 춤추는 조직이 될 때 긍정적 변화를 주도해 갈 수 있는 조직으로 거듭날 것이다. 좀 더 구체적으로 'BRICS 사고의 틀'에 대한 이해를 돕기 위해 정리해 보면 다음 표와 같다.

이분법적 사고와 브릭스(BRICS) 사고의 비교

A(이분법적 사고)	B(BRICS 사고)	
Either A or B	Both A and B	Neither A not B
양자택일 사고	양자긍정의 사고	양자부정의 사고
둘 중에 하나를 선택	둘 모두를 선택	새로운 선택
장점 또는 단점	장점과 단점	장점 속에 단점, 단점 속에 장점
이것이 아니면 저것	이것과 저것	통합하여 새로움 창조
긍정 또는 부정	긍정과 부정	긍정 속에 부정, 부정 속에 긍정
배추 또는 양념 (재료가 분리된 상태)	배추와 양념 (김치가 만들어진 상태)	배추 속에 양념 양념 속에 배추 (숙성된 김치)
대립, 갈등, 독재	균형, 연결, 어울림	숙성, 발효, 맛의 창조
일방적 소통	상호적 소통	설계적 소통
나는 맞고, 너는 틀리다	나도 옳고, 너도 옳을 수 있다	나도 옳고, 너도 옳다. 그리고 더 옳은 것을 찾아보자
흑백 논리	양극단 인식	변혁적 논리

2장 홀리스틱 리더십을 발휘하라

표에서 설명되는 바와 같이 'BRICS 사고'를 하려고 노력할 때 사고의 넓이와 깊이가 더해지며 새로운 가치 발견을 할 수 있게 된다.

결국 전제를 변경하여야 한다. 어떤 전제를 하느냐에 따라 결과가 달라지기 때문이다. 즉 '이분법적 사고의 틀(A)'에서 탈출하여 'BRICS 사고의 틀(B)'로 전제를 변경할 때 새로운 창조가 가능하다. 인간이 어떤 생각을 하느냐에 따라 그 생각은 속도를 내게 되고 그에 맞는 결과를 낳게 된다. 마찬가지로 리더가 어떤 '사고의 틀'을 가지고 조직의 다양하고 복잡한 문제들을 담아내느냐에 따라 결과는 다르게 해석될 수 있다.

문제를 함께 풀어보면서 생각의 전제(frame)를 바꾸는 것이 왜 중요한지를 체험해 보면 어떨까 싶다. 여러분은 펜과 종이를 들고 지금부터 문제에 집중해서 답을 맞춰보기 바란다. 문제를 내기 전에 한 가지 명심할 것이 있다. 정답은 숫자를 정확하게 계산하는 것이다. 숫자를 정확히 맞춰야 한다.

그럼 문제에 집중하기 바란다. 어느 버스정류장에 버스 한 대가 서 있다. 그 버스 안에는 승객이 10명 타고 있었다. 버스가 출발해서 한참을 달리다가 첫 번째 정류장에 도착하자 5명의 승객이 내리고 10명의 승객이 탑승했다. 그렇게 또 한참을 달리던 버스가 다음 정류장에 도착하여 3명의 승객이 내리고 15명의 승객이 탑승했다. 다시 버스는 달리기 시작했다. 다음 정류장에 도착하자 12명이 하차하고 8명이 승차했다. 또다시 달리면서 다음 정류장에서는 7명이 내리고 13명이 승차했다. 다음 정류장에서는 21명이 내리고 17명이 승차했다. 이제 마지막 정류장 하나만 지나면 목적지에 도착하게 된다. 마지막 정류장에 도착한 버스에서 13명이 내리고 7명이 승차했다. 최종 문제이다. 지금까지 버스가 정류장을 몇 번 거쳐 왔을까?

아마도 당황한 사람들이 많이 있을 거라 생각된다. 분명히 나중에 버스 안에 남아 있는 사람이 몇 명인가를 물어 볼 것이라고 생각한 사람들은 열심히 더하고 빼고를 반복하면서 바쁘게 계산해 왔는데 황당한 결과를 체험하게 되었을 것이다. 그것은 결국 자신이 처음부터 '사람 숫자를 잘 맞혀야지'라고 생각의 씨앗을 심은 결과 질문자의 엉뚱한 질문에 황당함을 느끼게 되는 것이다. 그러나 혹 어떤 사람은 분명히 정류장을 물어볼 것이라고 생각의 씨앗을 뿌리고 남들은 바쁘게 계산하고 있는데 옆에서 여유 있게 정거장만 세고 있었을지도 모른다.

물론 여러분들이 답을 잘 맞혔는지 못 맞혔는지를 판단하려고 한 것이 아니다. 그만큼 인간은 생각하는 출발점에서 어떤 방식으로 생각하는가에 따라서 다른 결과를 가져오는 생각의 씨앗을 뿌리게 되는 셈이다.

A에서 B로 전제를 변경하는 것이 생각을 바꾸는 것이라는 것을 기억하자. 즉 '이분법적 사고의 틀'에서 'BRICS 사고의 틀'로 전제를 변경할 때 진짜 생각을 바꾸게 된다는 것이다. 새로운 '틀'로 바꾼다는 것은 그리 만만하지는 않다. 기존의 '틀'이 자리 잡고 있는 터라 쉽사

2장 홀리스틱 리더십을 발휘하라

리 새로운 틀이 자리 잡는 데는 시간이 걸린다. 그래서 바꾸고 또 바꿔야 한다. 습관이 들여질 때까지 전제를 바꾸는 노력이 필요하다.

'BRICS 사고'는 시대적 변화에 적응할 수 있게 하고, 때로는 변화를 주도할 수 있게 하는 능력을 가진다. 지혜로운 리더는 문제를 해결하는 데만 급급한 것이 아니라 통찰력을 가지고 문제를 근원적으로 없애는 사람이다. 따라서 'BRICS 사고의 틀'은 혁신적인 변화를 원하는 조직에서 갖춰야 할 리더십의 필수적인 핵심역량이다.

승화(Sublimation)

승화는 조건에 의해 자연스럽게 나타나는 결과이다

사과나무는 해발 250m 이상의 산간지에서, 일교차가 12℃ 이상인 기후조건에서 잘 자란다. 즉 선선하면서 낮과 밤의 기온차가 급격한 지역에서 당도가 높은 좋은 사과를 수확할 수 있다고 한다. 그런데 최근 사과재배 지역이 주 생산지였던 경상도 지방에서 강원도 지방으로 옮겨가고 있다. 이유는 기후조건이 달라지고 있기 때문이다. 사과나무뿐 아니라 모든 식물의 발육과 과실의 성장은 기후조건에 따라 결과가 달라질 수 있다.

승화는 한 단계 더 높은 영역으로 발전하는 현상으로, 창조적 결과라고 그 의미를 해석할 수 있다. 즉 어떤 과정 속에서 조건에 따른 결과로 이해할 수 있다. 사과나무 생산지가 기후조건에 따라 달라지듯이 조건에 따라 결과는 달라질 수 있다는 것이다. 예컨대, 물을 끓이고 싶은 목표가 있는데 70℃에서 멈춘다면 물이 끓는 100℃의 조건을 맞추지 못했기 때문에 원하는 결과를 얻을 수 없게 된다. 결국 그 목표가 요구하는 조건을 충족 시켰느냐 못 시켰느냐에 따라 결과가 달라질 수 있는 것이다.

이처럼 승화는 균형과 수용(B&R), 포괄과 연결(I&C)의 반복된 과정의 조건에 따라 자연스럽게 나타나는 현상이다. 따라서 창조적인 변화를 통해 신바람 나는 일터(조직)로 만들기 위해서는 'BRICS 사고의 틀'로 무장하여 신체적 · 정신적 · 정서적 · 개념적 영역 모두를

2장 홀리스틱 리더십을 발휘하라

아우를 수 있는 홀리스틱 리더십이 발휘되어야 한다.

때문에 홀리스틱 리더십이 잘 발휘되도록 조직 내 환경 조건을 잘 조성하여야 한다. 그러한 환경 조건이 시스템적으로 지속하게 되면 조직의 문화로 정착하게 된다. 조직의 문화는 그 조직이 공유하고 있는 후천적으로 습득된 신념, 가치관, 규칙, 규범, 상징 및 전통을 말한다. 이러한 조직 문화는 구성원들에게 동질성과 정체성을 갖게 하여 소속감을 심어줌으로써 자부심과 결속력을 강화시키는 역할을 한다. 또한 조직 속의 한 구성원으로 완전히 몰입시킴으로써 자신의 이해관계를 넘어 조직의 성과를 위해 자신을 희생할 수 있게끔 만든다. 그렇기 때문에 조직의 문화는 기업의 경쟁력이 될 수 있다.

조직 내에서 홀리스틱 리더십이 발휘될 수 있는 조건은 다음의 세 가지로 정리할 수 있다. 첫째 조건은 다양성을 인정하고 통합하는 조직 문화이고, 둘째 조건은 리더십 개발을 멈추지 않는 조직 문화이다.

다양성을 인정하고 통합하는 조직 문화

과거의 조직들은 제도적 장치를 통해 구성원들을 통제와 규제로 정해진 틀에 맞추려는 일관된 조직 문화를 보여 왔다. 그러나 미래 조직은 다양성에 더 큰 가치를 두고 새로운 조직 문화로 거듭나야 한다.

이처럼 조직에서도 구태의연하게 구성원들을 통제하기 위해 제도적 장치에 가둬 버리고 다양성에 가치를 두지 않으면 구성원들 내면의 잠재력을 끌어내지 못해 조직의 경쟁력은 약해질 수밖에 없다.

조직은 개인 간의 차이를 인정함으로써 구성원들에게 큰 가치가 있다는 것을 신념의 근거로 마련해 주어야 한다. 이것은 곧 구성원들의 자기 존중감을 높이게 되고 자발적인 참여를 이끌어 낼 수 있는 계기가 되는 것이다. 이렇게 구성원들 개개인의 가치를 인정하고 통합할 경우 조직의 경쟁력은 단연코 높아질 수밖에 없다.

이제는 홀리스틱 관점에서 조직 구성원들을 몸과 마음과 정신이 상호 의존하여 조화를 이루는 전인적 인격체로 예우하는 것이 매우 중요하다. 그리고 이러한 다양성을 인정하고 통합하는 조직 문화를 만들어가기 위해서는 구조적인 변화가 뒤따라야 한다. 말로만 다양성을 인정한다고 해놓고 과거의 관행대로 한 줄로 세운 다음 앞에 선 소수의 사람만을 대우하는 구조를 바꾸지 않는다면 구성원들의 다양한 가치를 이끌어 낼 수 없다.

예컨대 한 줄서기식 경쟁구조에서 과감히 벗어나 여러 줄을 제공하여 자신에게 맞는 줄을 선택할 수 있도록 구조적인 변화를 하거나, 자신만의 줄을 창조해 내도록 하는 등 다양한 잠재력이 발휘될 수 있는 환경을 조성해 주어야 한다. 이러한 노력이 지속될 때 조직의 새로운 문화가 만들어지게 되고, 조직의 경쟁력은 강화될 것이다. 경쟁에서 꼭 일등이 한 사람이라는 법은 없다. 모두가 일등할 수 있는 경쟁도 있는 것이다.

수년 전에 본 광고 중에 기억에 남는 광고가 있다. 아마 사회단체나 정부차원의 공익적 광고였던 것 같다. 팔다리가 불편하고 지적장애를 가진 아이들의 100m 달리기 시합으로 모두 나름대로 최선을 다해 뛰기 시작해 앞서거니 뒤서거니 하다가 골인선을 앞둔 직전에 한 아이가 그만 넘어지고 말았다. 당연히 그를 제외한 모두는 골인 선을 지나고 넘어진 아이가 꼴찌가 되는 일만 남았는데 예상치 못한 일이 벌어졌다. 일등으로 달려가던 선수가 골인지점을 통과하려다 넘어진 그 아이를 보고 그 자리에 멈춰 선 것이다. 그러자 또 다른 친구들은 넘어진 아이를 일으켜 세우고는 모두 손을 잡고 다함께 동시에 골인하는 것이었다. 조금 느리긴 했지만 단 한 명의 패배자도 없는, 모두가 1등이고 승리자가 되는 순간이었다.

홀리스틱 리더십은 나와 너, 너와 나의 가치를 인정하고 연결하고 통합해서 우리라는 창조적인 공동체를 만들어 내기 위해 필요한 리더십이다. 즉 균형과 수용, 포괄과 연결을 통해 모두가 일등할 수 있는 조직 문화를 만들어 가는데 필요한 영향력을 발휘하는 과정을 말한다.

리더십 개발을 멈추지 않는 조직 문화

리더십은 상황변화에 따라 다른 형태의 리더십 개발이 필요하다. 특히 사회적 환경 변화는 조직의 경영 환경에 직접적인 영향을 미치기에 시대적 변화를 담아 낼 수 있는 새로운 리더십 개발을 멈춰서는 안 된다. 또한 사회적 변화는 개인의 삶의 질을 높이는 계기가 되면서 조직 구성원들이 가장 기본적인 생리적, 안전의 욕구를 넘어 소속감의 욕구, 존경의 욕구, 자아실현 욕구에 대한 권리를 찾게 되었다. 앞으로도 인격체로서 대우받으려는 구성원들의 요구는 갈수록 더 커질 것이다.

　리더십 개발은 집단적인 능력의 확장으로서, 개인의 능력 확장을 포함하는 넓은 관점에서 접근해야 한다. 그러나 무엇보다 가장 핵심적인 것은 리더를 개발하는 것이다. 개인의 확장이 곧 집단의 확장으로 이어지기 때문이다.

　리더 개발을 위해서는 먼저 개인의 현재 상태, 즉 장점과 단점, 수행능력이나 성과를 측정하고 기대치와 실제 능력과의 차이를 분석하여 리더 개발에 대한 이정표를 정하는 것이 중요하다. 그 후 리더는 목표 달성에 필요한 조건을 충족시키기 위해 새로움 추구, 갈등상황 및 역경 극복, 고난도의 목표달성 등 도전하는 과정 속에서 다양한 리더십을 경험하게 된다.

　리더 개발을 촉진시키는 과정에서 다양한 경험은 비판적 성찰을 통해 배우게 되는 학습능력과 상호작용을 통해 이루어진다. 여기서 비판적 성찰은 변화와 성장이 일어나는데 필수적인 요소이다. 비판적 성찰은 단순히 경험하는 것에서 끝나는 것이 아니라 그 경험을 특정한 의미로 구조화하는 과정이기 때문에 리더 개발에 중요한 요소라고 할 수 있다.

　리더십 개발은 학습과정이다. 조직의 리더십 개발의 주된 대상은 성인이기 때문에 다음과 같은 6가지 성인학습 원리에 따라 진행되어야 학습의 효과, 나아가 리더십 개발이 효과적으로 진행될 수 있다.

　첫째, 성인학습자들은 무엇인가를 학습하기 이전에 왜 그것을 배

　　　　　　　　　　　2장 홀리스틱 리더십을 발휘하라

위야 하는지를 알고자 한다. 때문에 조직의 리더들도 리더십 개발의 목표와 가치를 알고 있을 때 리더십 개발 효과가 높아질 수 있다. 이는 앞서 언급한 것처럼 구성원들이 조직의 비전을 공유할 때 자발적으로 그들의 마음을 움직일 수 있는 것처럼 리더십 개발에 있어서도 예외는 아니다.

둘째, 성인들은 의존적인 것보다는 자기 주도적이다. 즉 누군가에 의해 강요된 리더십 개발은 학습효과를 높일 수 없기 때문에 자기 주도적인 분위기를 만들어 갈 때 리더십 개발이 효과를 볼 수 있다는 것이다.

셋째, 성인학습자들은 아동들보다 다양한 경험을 가지고 있다. 성인들은 자신의 경험이 사용되지 않거나 경시되는 상황 속에서는 효과적인 학습효과를 기대하기 힘들다. 따라서 리더십 개발 과정에서 반드시 구성원들의 사생활과 조직 생활 속에서 축척된 경험을 바탕으로 리더십 개발을 해야 한다는 것이다.

넷째, 성인학습자들은 실제상황에 더 효과적으로 대응하기 위해 학습할 준비가 되어 있다. 조직의 리더가 리더십 개발에 참여하기 전에 구체적인 계획을 공유함으로써 학습하기 전에 무엇을 준비해야 하는지를 알게 하는 것이 리더십 개발에 도움이 된다.

다섯째, 생활 중심적이고 과업중심 또는 문제해결과 직결된 학습을 지향한다는 것이다. 따라서 리더십 개발이 이상적인 것만을 추구할 것이 아니라 사생활과 조직생활에 직접적으로 반영되어 활용할 수 있도록 이루어져야 한다.

여섯째, 성인학습자는 내재적 동기부여가 이루어질 때 학습이 효과적으로 촉진될 수 있다. 성인학습자들은 더 좋은 직업, 승진, 급여 등과 같은 외재적 동기유발 요소들에 민감하다. 그러나 더 높은 직무 만족도, 자부심 증가, 삶의 질 향상 등과 같은 내재적 동기유발에 더 크게 반응한다. 그러므로 리더십 개발이 개인의 삶의 질을 높이고 조직의 업무능력을 키우기 위한 차원을 넘어서 사회적 가치를 실현한다는 목적을 가질 때 더욱 효과적으로 개발된다.

이와 같이 성인학습 원리의 여섯 가지 과정이 이론적 토대가 되어 리더십 개발이 설계될 때 리더들의 자발적 참여가 이루어져 개인의 능력이 확산될 것이며 나아가 조직 능력으로 확산되어 성공적인 집단적 리더십 개발이라는 결과를 맞게 될 것이다.

2장 홀리스틱 리더십을 발휘하라

리더십 노크

　새로운 목표지점을 향해 출항을 준비하는 배는 현재 상태를 점검하여 고장난 부분을 수리하고 함께 할 선원들의 신체적·정신적 상태를 정비하는 과정을 거쳐야 한다. 이 때 배의 선장(리더)은 선원들에게만 지시하고 자신에 대한 점검을 게을리 한다면 항해 도중 더 큰 위험에 빠뜨릴 수도 있다. 따라서 리더인 선장부터 점검하고 목표지점까지 갈 수 있는 모든 조건들을 갖추도록 솔선수범해야 함을 명심하라.

　홀리스틱 리더십으로 조직의 혁신적인 변화를 꿈꾸는 리더가 되길 원한다면 다음의 5가지 리더십 영역에 대한 질문을 통해 자기 점검을 해 보길 바란다. 각 문항에는 옳고 틀리는 정답이 없다. 그래서 정직하게 응답하길 바란다. 각 문항에 응답할 때 그 문항의 측정치가 리더 자신을 어느 정도로 정확하게 잘 나타내고 있는지 해당되는 숫자 위에 O표를 한다. 1부터 5까지의 숫자는 다음과 같이 그 정도를 나타내고 있다.

1 = 매우 그렇지 않다	2 = 대체로 그렇지 않다	3 = 보통이다
4 = 대체로 그렇다	5 = 확실히 그렇다	

● **신체적 영역 : 건강한 몸의 변화를 통해 마음을 다스리고 지혜로움을 깨달아 실천하는 능력**

1.　나는 평소에 명상, 요가, 산책, 기타 운동 등을 통해 새로　1 2 3 4 5
　　운 에너지를 충전한다.

2.　나는 평소에 다른 사람들과 소통하기 위해 노력한다.　1 2 3 4 5

3.　나는 조직 생활을 하면서 퇴직 후 평생직업에 대한 준비　1 2 3 4 5
　　를 해 놓은 상태이다.

4. 나는 정신적 스트레스를 해소시키기 위한 나만의 방법을 　1 2 3 4 5
가지고 있다.

5. 나는 인간을 몸과 마음과 정신이 하나인 존재로 인식하 　1 2 3 4 5
고 있기 때문에 평소에 몸의 움직임을 통해 자기 성찰을
자주한다.

합계 점수 : (　　　)

매우 높음 = 20~25,　높음 = 15~20,　낮음 = 10~15,　매우 낮음 = 5~10

●정신적 영역 : 삶의 목적과 의미를 인식하면서 함께 비전을 공유하고,
진실성을 바탕으로 윤리적이고 도덕적인 가치관을 가지고 있어 정신적
가치를 실천할 수 있는 능력

1. 나는 우리 조직이 무엇을 할 수 있는지 또는 무엇을 해야 　1 2 3 4 5
하는지를 몇 마디 짧은 말로 명확하게 표현할 수 있다.

2. 우리 조직의 구성원들은 조직의 비전을 인식하고 자발적 　1 2 3 4 5
으로 자신의 일에 의미를 찾으며 일하고 있다.

3. 나는 조직의 목표를 위해서라면 자신의 희생이 따른다고 　1 2 3 4 5
해도 항상 옳은 방법을 선택한다.

　　　　　　　　　2장 홀리스틱 리더십을 발휘하라

4. 나는 소외당하고 있는 듯한 사람들에게 개인적인 관심을   1 2 3 4 5
   보인다.

5. 나는 다른 사람들 앞에서 나의 잘못을 인정한다.   1 2 3 4 5

합계 점수 : (   )

매우 높음 = 20~25,   높음 = 15~20,   낮음 = 10~15,   매우 낮음 = 5~10

● 정서적 영역 : 자신의 감정 관리를 통해 타인을 이해할 수 있는 능력

1. 나는 나 자신에 대한 나의 느낌이나 감정을 그대로 수용   1 2 3 4 5
   한다.

2. 나는 나의 감정을 조절하여 항상 옳은 일을 선택하도록   1 2 3 4 5
   노력한다.

3. 나는 대화 도중에 타인의 감정을 이해하려고 노력한다.   1 2 3 4 5

4. 나는 평소에 상대방의 입장에서 생각하고 판단하는 습관   1 2 3 4 5
   을 가지고 있다.

5. 나는 의사결정을 하기 전에 다른 사람들의 생각을 매우   1 2 3 4 5
   주의 깊게 경청한다.

합계 점수 : (   )

매우 높음 = 20~25,   높음 = 15~20,   낮음 = 10~15,   매우 낮음 = 5~10

●개념적 영역 : 다양하고 복잡한 문제들을 이해하고 관리하여 새로운 방
향으로 발전시켜 나가는 창의적인 문제해결 능력

1 나는 다른 사람들이 지금까지 해오던 문제들을 새로운   1 2 3 4 5
   방식으로 생각하고 새로운 시각으로 보도록 노력한다.

2. 나는 다른 사람들이 복잡하고 어려운 문제를 새로운 시   1 2 3 4 5
   각으로 보는 방법을 자주 제공한다.

3 나는 다른 사람들로 하여금 자신이 이전에 전혀 의문을   1 2 3 4 5
   갖지 않았던 일들에 대해 새로운 시각에서 다시금 생각
   하도록 한다.

4 나는 복잡한 조직 문제를 해결하는 일에서 흥미를 느낀다.   1 2 3 4 5

5. 나는 추상적인 아이디어와 관련된 일들을 즐겨 수행하는   1 2 3 4 5
   것을 즐긴다.

2장 홀리스틱 리더십을 발휘하라

합계 점수 : (   )

매우 높음 = 20~25,   높음 = 15~20,   낮음 = 10~15,   매우 낮음 = 5~10

● **통합적 영역 : 인간중심의 새로운 조직 문화를 만들어 새로운 가치를 창조하기 위한 인문학적 사고 능력**

1. 나는 다른 것과 틀린 것을 구분할 수 있다.   1 2 3 4 5

2. 나는 장점과 단점을 있는 그대로 자유롭게 보면서 새로   1 2 3 4 5
   운 가치를 만들어 내는 과정을 즐긴다.

3. 나는 평소에 모든 사물과 현상을 입체적인 관점으로 이   1 2 3 4 5
   해하려고 노력한다.

4. 나는 다양한 방법을 동원하여 새로운 가치를 창조하려는   1 2 3 4 5
   노력을 하는 편이다.

5. 나는 과정보다는 결과론적으로 '큰 그림'을 먼저 그리고   1 2 3 4 5
   논리적으로 과정을 증명하는 노력을 자주한다.

합계 점수 : (   )

매우 높음 = 20~25,   높음 = 15~20,   낮음 = 10~15,   매우 낮음 = 5~10

칭기즈칸은 누구나 적용할 수 있는 방법, 누구나 생각할 수 있는 방법을 생각했다.
그것으로 다른 사람의 동참을 이끌어냈고 실행하게끔 했다.
그를 남다른 인물로 만든 것은 한결같은 실천에 있었다.
정도(正道)라고 생각한 것을 변함없이 실천한 것이다.

– 칭기즈칸의 명언 중에서

03

홀리스틱
리더로

거듭나기
위한 조건을
갖춰라

하나, 조직원들의 몸 · 마음 · 정신의 균형감각을 회복시켜라

현재 우리 사회는 불안장애를 앓고 있다. 불안이란 걱정이 되어 마음이 편하지 못한 상태로, 어떤 위험에 맞닥뜨리기 전에 미리 예측하여 위험을 피하고 싶은 감정 상태를 말한다. 우리 사회는 왜 불안감에 시달리고 있는 걸까? 그 불안감이 나타나는 원인은 무엇인지에 대해 개인과 조직과 사회적 차원에서 고민하지 않을 수 없다. 사회적 불안감이 팽배한 상태로 지속된다는 것은 다시는 돌이킬 수 없는 대형사고의 위험을 암시하고 있기 때문이다.

불안감의 원인에 대한 많은 연구가 이어지고 있지만, 자본주의 사회에서 물질과 정신의 균형이 깨졌기 때문이라고 생각한다. 과거 농경사회에서는 부족하지도 넘치지도 않을 만큼의 물질적인 조건을 가지고도 정신적 가치와 균형을 이루며 살아왔다. 그러나 산업사회로 접어들면서 서서히 정신보다 물질을 우선시하여 왔다. 결국 물질문명은 급속한 발전을 해왔지만, 그에 반비례해 정신적 가치는 찾아보기가 힘들어졌다. 덕분에 대단한 경제발전을 이루었고 굶는 일은 없어졌는데, 현재 우리 사회는 왜 불안한 걸까? 그것은 정신적 가치를 무시한 산업시대의 패러다임이 변하지 않았기 때문이다. 앞서 언급한 것처럼 정신적 가치를 중요시한 동도(東道)는 사라지고 기술 중심의 서기(西器)만 강조되고 있다는 것이다.

그동안의 의식주와 관련한 제조 산업에서 현재는 서비스 산업 시대에 살고 있다. 서비스 산업은 사람과 사람의 관계를 중요시하기 때문에 물질보다는 정신적 가치를 우선시하는 시대이다. 즉 정신적 가치를 전제로 하여 물질적 결과를 만들어 가는 시대로 무엇보다도 정신과 물질의 균형감각을 유지하는 것이 중요하다. 특히 직장인들은 높은 경쟁률을 뚫고 취업을 했다 하더라도 직장 내에서 경쟁을 계속해야 한다. 또한 평생직장이 사라지면서 정년에 대한 보장이 없어져 언제라도 다음 차례가 자신일 수 있다는 퇴직 선고에 대한 불안감을 떨쳐버릴 수 없다. 이는 어느 한 회사나 개인이 문제가 아니라 현 시대의 직장인들 모두에게 해당한다. 현재 우리 조직의 구성원들 대부분은 미래에 대한 불안감을 가지고 있다.

건강한 사회라면 사람과 사람들이 더불어 함께 살아가야 함에도 불구하고, 우리 사회는 아직도 경쟁적 구조로 일관하고 있다. 경쟁 중심의 사회 구조는 물질과 정신적 가치의 균형감각을 잃게 되어, 있는 자와 없는 자로 구분하고, 권력을 가진 자와 갖지 못한 자로 구분하여 인간 중심의 정신적 가치는 무시되고 있는 실정이다.

결국 개인은 사회의 경쟁적 구조에 영향을 받을 수밖에 없고, 개인의 불안감이 극에 달하게 되면 사회에 악영향을 미치게 되고 사회적 문제의 원인이 될 수밖에 없다.

예컨대, 다음에 나오는 그림에서 보는 바와 같이 사회적 경쟁구조는 개인과 조직과 사회에 불안감의 원인이 되는데, 그 불안감으로 나타나는 증상들과 순환 고리를 나타내고 있다. 개인적 차원의 미래에 대한 불안감은 가정으로 이어지게 되어 이혼율이 증가하고, 맞벌이 부부나 부모와 자녀 간에 소통부족 현상으로 나타나고 있으며, 사회적 차원에서는 정치권의 권력다툼, 정경유착 등 공동의 가치를 무시하는 행태들이 난무하고 있다. 이러한 사회적 현상은 다시 개인의 정신적 스트레스, 즉 개인의 불안감을 키우는 요인으로 작용하고 있

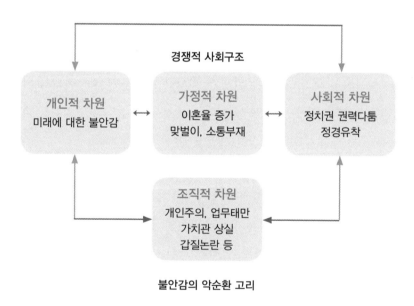

불안감의 악순환 고리

3장 홀리스틱 리더로 거듭나기 위한 조건을 갖춰라

다. 이는 곧 조직의 경영 성과로 이어지게 된다. 조직은 불안감을 가지고 있는 개개인으로 구성되어 있기 때문이다. 불안감에 시달리고 있는 구성원들은 조직 내에서 개인주의, 업무태만, 가치관 상실 등으로 나타나고 있다. 여기에 일부 기업인들의 갑질 논란과 같은 몰지각한 행동은 불난 집에 부채질 하듯 조직 구성원들의 불안감을 더욱 가중시키고 있다.

이와 같이 개인, 가정, 조직, 사회적 차원에서 불안감으로 나타나는 현상들은 서로 악순환의 고리로 연결되어 있다. 이는 곧 홀리스틱 관점에서 모든 것은 연결되어 있다는 것을 증명하고 있는 셈이다. 어느 하나가 해결되지 않으면 불안감을 해결하는 것이 어렵다. 그러나 반대로 어느 한 부분을 노력해 그 부분을 해결한다면 연결된 나머지 불안감들도 줄줄이 모두 해결할 수 있으며 나아가 해결차원을 넘어, 불안감의 근본원인 마저도 해소시킬 수 있어 전체를 바꿀 수 있다는 말도 되는 것이다.

직장인들의 가장 큰 병중에 하나가 월요병이라고 한다. 직장인들 대부분이 월요병을 앓고 있다는 것을 두고 마음과 정신은 주말에 놓고, 월요일에 몸만 회사로 간다는 표현도 잘못된 표현이 아닐 것이다. 항상 산만하고 장난기 많던 어릴 적에 어른들이 정신줄 놓고 다닌다고 야단치던 생각이 난다. 정신줄 놓고 다니면 사고칠 수 있다는 의미가 담겨져 있다. 즉 정신을 빼 놓고 회사로 오는 사람들이 걸리는 병이 월요병인 것이다. 회사로 출근하는 것이 즐겁지 않다는 말이 된다.

월요병에 시달리는 직원들은 일과 휴식을 이분법적으로 구분하고 있을 것이다. 일하는 것은 즐겁지 않은 것이고, 휴식하는 것은 즐거운 것으로 구분하고 있다. 이는 휴식 속에서는 몸과 마음과 정신이 균형을 이루고 있다는 뜻으로 확대 해석할 수 있고, 반면 회사로 출근하는 것에 대한 부담을 느끼고 있다는 것은 몸과 마음과 정신이 균형감각을 잃고 있는 것으로 보아도 무리가 없을 것이다. 문제는 이런 직원들의 심리적 상태가 월요일에만 느껴지는 것인지, 아니면 매일 그런지 짚어볼 필요가 있다.

어쩌면 월요병이 단순하게 주말에 즐긴 달콤한 휴식에 대한 후유증으로 나타나는 것이 아니라, 앞서 언급한 것처럼 미래에 대한 불안감에 따른 스트레스 때문일지 모른다. 즉 회사에서 일하는 것보다는 휴식을 통해 자신의 몸과 마음과 정신의 균형을 찾고자 하는 인간의 본능적인 욕구가 월요병의 주원인일 수 있다. 이는 조직의 관점에서 볼 때 직원들이 휴식을 통해 얻고자 하는 정신적 가치들이 조직 업무로 전혀 연결되지 못하고 있다는 것이고, 회사에서 일하는 것 자체는 그다지 즐겁지 못하다는 말이 된다.

결국 월요병은 조직을 구성하고 있는 구성원들 대부분이 몸과 마음과 정신의 균형이 깨져 있다는 것을 의미하는 것이고, 즐겁지 못한 일은 효율과 효과도 떨어지기 마련이다.

인간은 몸과 마음과 정신이 분리되면 피로감을 느끼게 되고, 안정감을 찾기 위해 노력하게 된다. 감기에 걸리면 약을 먹고 쉬고 싶은

3장 홀리스틱 리더로 거듭나기 위한 조건을 갖춰라

마음이 생기는 것처럼 말이다.

현대인들의 모든 질병의 근원이 스트레스라고 한다. 스트레스는 압박(壓迫), 긴박(緊迫)이라는 의미를 지닌다. 예를 들어 고무줄에 힘을 가해 잡아당기면 팽팽해지는데 이 팽팽해진 상태를 스트레스(긴장)라고 표현한다. 고무줄을 잡아당기는 힘을 세게 하면 할수록 스트레스는 증가되고, 그 한계에 도달하면 결국 고무줄은 끊어져 버린다. 다시 말해 너무 과중한 스트레스를 받아 한계상황에 이르면 불안감은 물론 극단적으로 자살 등의 사고로 이어지는 것과 같은 이치라고 할 수 있다.

조직적 차원에서 구성원 개개인의 스트레스를 치유하고 불안감을 예방하기 위해서는 몸 · 마음 · 정신의 균형을 찾는 노력을 해야 한다. 이는 곧 조직 성과에 직결되기 때문이다. 따라서 조직에서는 직원들이 휴식에서 느끼는 정신적 가치들을 조직으로 연결할 수 있어야 한다. 그러기 위해서는 일과 성과만을 강조해서는 안 된다. 조직의 성과를 위해 일과 휴식을 통합하는 개념의 홀리스틱적 관점에서 접근해야 한다. 즉 직원들이 휴식하며 즐거움을 느꼈던 것처럼 일도 휴식처럼 즐겁게 하는 조직 문화를 만들어야 한다. 직원들이 몸과 마음과 정신의 균형을 잡을 수 있는 환경을 만들어야 한다는 것이다.

따라서 조직 내에서 직원들의 몸과 마음과 정신의 균형을 찾아주는 노력이 바로 홀리스틱 리더가 해야 할 역할이다.

세계적인 골프 황제라고 불리는 타이거 우즈는 누구나 인정하는 골프의 천재이다. 그러나 그는 최근 수년째 자신의 실력을 십분 발휘하지 못하고 있다. 여성과의 스캔들로 인해 이혼이라는 심각한 가정 문제로 이어지면서 정신적 가치가 흔들리고 있기 때문이다. 아무리 좋은 기술을 가진 사람일지라도 몸과 마음과 정신의 균형이 깨지면 자신의 능력을 다 발휘하지 못하게 된다. 특히 골프는 더욱 그렇다. 혹자들은 타이거 우즈가 지금 골프경기에 나와 누군가를 이기기 위한 골프를 할 것이 아니라, 자기 성찰의 시간을 가지고 몸과 마음과 정신의 균형을 찾는 것에 집중해야 한다고 아쉬움을 표현한다.

조직 내 구성원들이 몸과 마음과 정신의 균형을 찾는 다양한 방법이 있겠으나, 몸의 변화를 통해 자신의 내면적 성찰의 기회를 가질 수 있는 시간과 공간을 시스템화하는 것이 중요하다. 시스템이 있을 때 조직의 새로운 문화로 자리 잡을 수 있기 때문에 일시적인 이벤트로 끝나는 것보다는 시스템으로 정착시키는 것이 바람직하다. 그리고 성찰은 다양한 경험을 바탕으로 비판적 사고를 통해 새로운 의미를 만들어 내는 것이 목적이기 때문에 지속적인 성찰의 시간이 요구되는 것이다. 자기 성찰은 몸과 마음과 정신의 균형을 잡아준다. 그리고 성찰은 자신의 능력을 십분 발휘할 수 있는 기회를 만들어 준다.

조직은 구성원들의 몸과 마음과 정신의 균형상태를 파악하고 점검해야 한다. 대부분 직장인들은 과다한 업무, 성과 창출, 대인관계 등 스트레스가 많기 때문에, 정신적 가치를 잃고 있는지도 모른다. 월요병은 단순히 업무적 기피현상이 아니라 행복한 삶을 추구하고

3장 홀리스틱 리더로 거듭나기 위한 조건을 갖춰라

자 하는 인간의 기본적인 욕구의 역설적 표현이다. 몸과 마음과 정신의 균형이 깨진 상태로 살아갈 수밖에 없는 사회구조에 대해 지쳐 가고 있다는 표현이 맞을 것이다.

자기 성찰은 현재 마음 상태를 변화시키기 위해 노력하는 과정을 말한다. 그런데 마음을 변화시킨다는 것이 그리 쉽지만은 않다. 그래서 예부터 수행(修行)할 때 어지러운 마음을 벗어나기 위한 방법으로 몸의 변화를 시도했던 것이다. 몸의 변화를 통해서 현재의 마음을 벗어날 수 있는 기회를 경험하게 된다는 것이다. 앞서 소개한 명상과 심호흡 등은 몸의 변화를 통해 마음과 정신의 균형을 찾아가는 성찰의 방법 중 하나이다. 또한 정신적 스트레스나 긴장을 제거하는 방법으로 조직 내에서 생활 스포츠를 즐길 수 있는 환경도 도움이 될 수 있다.

조직은 구성원들의 조화로운 균형을 위해 평소에 자기 성찰의 기회를 갖도록 제도적 장치를 마련해 주는 것이 중요하다. 물론 시스템화 한다고 하지만 자율적 참여를 유도해야 한다. 참여를 강요한다는 것은 업무성과를 높이기 위한 회사의 전략이라고 받아들여져 직원들은 수동적일 수밖에 없다. 그러나 진심으로 직원들을 전인적인 인격체로 대우하면서 그들의 건강을 위해, 즉 회사의 업무성과를 위해 노력하는 직원들을 응원하는 차원에서 성찰의 기회를 마련한다면 자발적인 참여를 이끌어 낼 수 있을 것이다. 그렇게 되면 자연스럽게 경영 성과에 긍정적 영향을 미치게 된다. 조직에서 구성원들을 최우선으로 배려하는 문화, 이것이 바로 고객 만족 경영 마인드라고 할 수 있다.

앞을 보지 못하는 시각장애인이 한 손에는 등불을 들고 캄캄한 밤에 골목길을 걷고 있다고 하자. 지나가던 행인이 불빛을 피해서 돌아가다가 등불을 들고 있는 사람이 시각장애인이라는 사실을 알게되었다. 순간 궁금해진 행인은 시각장애인에게 물었다. '당신은 낮이나 밤이나 캄캄한 것은 다 똑같은데, 왜 등불을 들고 다니십니까?'라고 물었다. 그러자 그는 이렇게 말했다. '내가 만약 밤길에 등불을 들고 다니지 않는다면 당신은 나와 부딪혀 다치게 될 것 아닙니까?'라고. 결국 시각장애인은 상대방을 먼저 배려하는 마음으로 행동했는데 결국 자신도 보호하게 된 것이다. 이것이 바로 역지사지(易地思之), 고객의 입장에서 생각하고 행동하라는 고객 만족 경영의 기본 마인드이다.

조직의 구성원들은 또 다른 고객, 즉 내부고객이다. 내부고객을 인간적인 대우를 하는 조직 문화는 구성원들의 자발적인 동기를 이끌어 낼 수 있게 된다. 자발적인 동기를 가지고 일하는 조직의 직원들은 일을 통해 즐거움을 느끼고 출·퇴근길의 발걸음도 가볍기 마련이다. 또 휴식을 통해 자신을 성찰하며 업무도 고민해 볼 것이다. 앞서 소개한 W광고회사의 예처럼 직원들이 휴가 후에 더 많은 아이디어를 가지고 회사로 돌아오듯이 '잘 휴식하는 건 잘 일할 수 있다는 것'을 의미한다. 여유로운 휴식을 즐기는 가운데 업무를 생각한 직원은 회사에 돌아와서도 당연히 즐겁게 일한다는 것은 의심할 여

3장 홀리스틱 리더로 거듭나기 위한 조건을 갖춰라

지가 없다. 진정한 프로직업인의 자세가 아닌가 싶다. 프로직업인은 자신의 감정을 비워내고, 새롭게 채우는 일을 반복함으로써 몸과 마음과 정신의 균형을 유지하는 사람이다.

홀리스틱 리더십은 위에서 아래로 지시와 통제를 잘하는 능력을 요구하는 것이 아니다. 리더와 구성원들 모두가 하나가 되어 함께 호흡하면서 비전공동체를 만들어 가도록 영향력을 발휘하는 과정을 말하는 것이다. 홀리스틱 리더십에서 리더의 직급은 공포심, 권력, 복종심을 상징하는 것이 아니라, 구성원들과 함께 비전을 공유하고 조직의 비전을 향해 자신의 본보임을 실천하는 책임자임을 의미하는 것이다. 홀리스틱 리더는 전체적인 관점에서 심리적 불안감이 개인과 조직과 사회적 차원에서 각각 나타나고 있지만 이 모든 것은 하나로 연결된다는 사실을 알고 있는 사람이다.

따라서 조직의 리더는 구성원들에게 직무와 직급에 필요한 능력을 요구하는 것을 넘어 홀리스틱 리더십을 발휘하여 직원들의 불안감을 해소시킬 수 있는, 근본적이면서 인간적인 대책을 마련해야 할 것이다. 결국 조직에서 구성원들의 불안감이 해소되기 시작하면 가정의 변화로 이어지게 되고, 새로운 사회적 발전을 만들어 갈 수 있게 된다.

이런 사실은 중국의 오랜 역사 속에서도 찾을 수 있다. 유방을 도와 항우를 무찌르고 중국의 한나라를 건설하는 데 큰 공을 세운 전략가가 바로 장량(張良)이라는 인물이다. 한나라 개국 후에도 그는 뛰어난 지략으로 나라의 불안감을 지우고 사회 안정을 꾀했다. 한나라 초대 황제로 등극한 유방, 즉 고조가 장군들의 심상치 않은 분위기를 감지하고 장량에게 물었다. 그때 장량은 이렇게 문제를 진단하고 해결책을 제시했다. '개국의 공으로 상과 벌을 내림에 있어 불만과 불안감이 높습니다. 하여 폐하가 가장 싫어하는 인물인 옹치(雍齒)를 중용하십시오.' 고조는 옹치를 제후로 임명하였고 이후 사람들은 '옹치조차 중용되었는데, 우리야 걱정이 없겠지'라고 생각하며 그간의 불안이 즉시 해소되었다고 한다.

　　　　　3장 홀리스틱 리더로 거듭나기 위한 조건을 갖춰라

둘, 조직과 개인의 비전을 융합하여
공동체 의식을 고취시켜라

조직은 그 존재의 의미를 사명과 비전 그리고 핵심가치로 표현한다. 사명과 가치는 그 조직이 경제발전과 더불어 사회적 가치를 실현하고자 하는 강한 의지의 표현이자 이정표와 같은 것이다. 그리고 비전은 조직의 사명을 이루기 위한 목표에 대한 의지를 말하는 것이다. 이렇게 사명과 비전 그리고 핵심가치에 대한 정의가 끝나면 비전을 위한 세부적인 전략과 전술을 계획하게 된다. 따라서 조직의 리더는 기본적으로 조직의 비전을 제시하는 능력을 가지고 있어야한다.

그러나 명심해야 할 것은 아무리 좋은 비전을 제시했다 하더라도 구성원들과 조직의 비전을 공유하지 못한다면, 조직이 기대하는 목표를 달성하는 데는 어려움이 따를 수밖에 없다. 때문에 리더는 비전을 공유하기 위해 사람의 마음을 움직이는 능력을 가져야 한다.

강압적인 힘으로 사람을 이끌어 가는 것이 아니라 마음으로 사람을 움직일 때 리더십이 발휘된다. 서로의 마음이 하나의 방향으로 정렬될 때 그것은 조직의 정신적 문화로 자리 잡게 되어 조직의 경쟁력을 대변하는 자산이 될 수 있다.

중국의 한나라 3년, 뛰어난 장수 한신(韓信)은 수천 명의 기동부대를 이끌고 조(趙)나라를 치러 갔다. 조나라는 20만 대군을 배치하고 기다리고 있었는데 한신은 자신의 부대에 강을 등지고 포진하도록 명령했다. 이는 자칫하여 뒤로 밀리면 모두 수장될 위험을 가진, 병법의 상식에 크게 어긋나는 포진이었다. 조나라는 적은 병력을 강가에 배치한 것을 보고 비웃으며 모두 성을 비우고 나와 싸우기 시작했는데 도망갈 길이 없는 한신의 병사들이 죽기 살기로 덤벼드는 바람에 퇴각하고 성으로 돌아가고자 했다. 그런데 성은 이미 한신이 미리 숨겨놓았던 정예부대에 의해 함락된 지 오래였고 20만 대군의 조나라 병사들은 죽거나 뿔뿔이 흩어져 도망가기에 바빴다. 이로부터 배수진(背水陣)이라는 말이 널리 쓰이게 된 것이다.

이와 같이 조직에서도 조직의 비전을 위해 한 방향으로 마음을 움직일 수 있는 리더십이 요구된다. 최근 직장인들이 자신의 회사에 대한 애사심도, 가치관도 없이 정보유출 등 조직 내부에 불이익을 초래하는 행동을 보이는 것은 결국 조직의 비전을 공유하지 못하고 있다는 반증인 것이다. 비전제시가 명확할지라도 강압적인 힘으로 강

3장 홀리스틱 리더로 거듭나기 위한 조건을 갖춰라

요해서는 구성원들의 마음을 움직일 수 있게 하는데는 무리일 수밖에 없다. 독재 시대나 통용되었던 일방적으로 한쪽에서 힘으로 강요하던 구시대적인 리더십은 오히려 구성원들의 정신적인 피로감을 더할뿐더러 리더에 대한 신뢰를 상실하는 결과만 초래할 뿐이다.

성공하지 못하는 조직들의 특징은 조직의 비전을 구성원들에게 주입하는 형태를 보인다. 이런 조직의 구성원에게는 자발적인 동기부여가 어렵기 때문에 조직의 비전 영역 안에서 수동적인 태도로 일을 처리하게 된다. 그리고 중간 리더는 구성원들에게 비전을 전달하는 데 어려움이 생길 수밖에 없다. 강요된 비전 제시는 중간 리더에게도 동기부여가 되지 못하기 때문이다. 결국 어쩔 수 없이 해야만 하는 강요된 비전 제시는 구성원들에게 완벽히 공유되지 못한다. 그 결과로 구성원들은 자신의 직무와 조직의 비전을 별개로 생각하기 때문에 조직의 목표를 달성하는 데는 부족함이 있게 마련이다.

이제는 달라져야 한다. 인간을 산업발전의 도구로 취급했던 과거와는 달리 서비스 산업시대에 걸맞게 인간중심의 리더십을 발휘해야 한다. 즉 개인, 가정, 회사가 하나로 연결되어 있다고 보는 홀리스틱적 관점에서 조직과 개인이 공동체라는 의식을 갖도록 리더십을 발휘하여야 한다는 것이다. 그런 공동체의식을 높이려면 다음과 같은 두 가지의 실천이 필수적으로 요구된다.

첫째, 조직의 비전과 개인의 비전을 한 방향으로 정렬시켜야 한다.

리더가 조직의 비전을 성취하기 위한 다양한 전략과 정책이 있을 수 있지만 그 중에서 가장 우선되어야 할 것은 조직의 비전과 개인의 비전을 한 방향으로 정렬시키는 일이다. 조직의 비전만을 강요하는 것이 아니라 구성원 개개인의 비전과 조직의 비전을 융합하여 상생하는 조직 문화를 만들어 갈 때 구성원들의 마음을 스스로 움직일 수 있다는 것을 알아야 한다. 즉 구성원들 개개인의 비전이 조직의 비전에 녹아들어 갈 때, 개인은 그 일을 왜 해야 하는지, 어떻게 해야 하는지 스스로 생각하고 동기부여하며 행동하게 된다는 것이다.

성공하는 조직은 개인의 비전과 조직의 비전이 공유되고 일치하는 형태를 보인다. 이런 조직의 구성원들은 수동적인 태도가 아니라 능동적으로 개인 목표를 창출하고 다시 개개인에 의해 초과 달성된 목표는 조직의 비전을 확장시킨다. 즉 개인의 비전을 열심히 달성하려는 개별 노력이 결국 조직의 비전에 부합하게 된다는 것이다. 이렇게 되면 중간 리더는 강요가 아닌, 구성원들이 개인의 비전을 잘 달성할 수 있도록 지원하는 역할을 하기 때문에 조직 관리에도 용이하게 된다. 그리고 조직의 리더는 개개인의 비전이 조직의 비전과 잘 연결될 수 있도록 큰 흐름을 조율하는 일에 집중하면 되는 것이다.

손자병법(孫子兵法)에도 '용병술에 능한 훌륭한 장수라면 백만대군을 통솔해도, 모든 병사의 마음을 묶어 마치 한 사람을 지휘하듯 한다'며 그런 군대조직은 '상산(常山)에 있는 솔연(率然)이란 커다란

3장 홀리스틱 리더로 거듭나기 위한 조건을 갖춰라

구렁이처럼 머리를 치면 꼬리가 덮치고, 꼬리를 치면 머리가 덮치며, 몸통을 공격하면 머리와 꼬리가 동시에 덤벼든다'며 용맹한 일체감을 강조했다.

이러한 조직 문화를 만들기 위해서는 먼저 구성원들 개개인이 조직의 사명과 비전 그리고 핵심가치에 대해 분명히 이해해야 한다. 그래서 조직이 자신에게 요구하는 것이 무엇인가에 대한 정의를 내려야 한다. 그 다음에 개인적 관점에서 인생의 목표가 무엇인지, 삶의 가치관은 무엇인지를 설정한 다음, 현재 자신이 속한 조직과 자신이 맡고 있는 직무는 어떤 의미가 있는지를 생각해 봐야 한다. 그런 다음 또 다시 나 자신에게 '조직이 필요한 이유는 무엇일까'에 대한 정의를 내려야 한다. 물론 개인의 비전은 조직의 비전이라는 토대 위에 있어야 현실적으로 조직 전체의 비전이 가능하게 된다는 것을 명심해야 한다. 이렇게 조직과 개인의 비전을 정렬한 상태에서 핵심역량을 도출하고 구체적인 실천 전략을 세울 때 개인과 조직이 상생하는 비전을 통해 조직의 목표를 달성할 수 있게 된다.

이러한 조직 문화가 지속되기 위해서는 구성원들은 조직에서 스스로 성장하고자 하는 강한 의지를 실천하여야 하고, 조직의 리더는 개인의 비전을 경력개발과 연계하여 인적자원개발에 효과적으로 반영하여야 한다.

둘째, 개인, 가정, 회사를 아우르는 공동체의식을 높여라

예로부터 가화만사성(家和萬事成)이라 하여 집안이 화목하면 모든 일이 잘 이루어진다고 했다. 그런데 요즘 우리 가정은 흔들리고 있다. 가정이 화목하지 못하면 모든 일이 불안하다. 이는 개인의 불안감이 가정의 불안감으로 이어지고, 가정의 불안감은 조직의 불안감으로 이어진다는 걸 의미한다. 가정과 회사는 상호의존성을 가지고 있다. 회사가 어려우면 구성원이 괴롭고 가정이 힘들어진다. 조직 구성원들의 가정이 흔들리고 있다는 것은 회사 구성원들의 심리적 상태가 균형을 잃고 있다는 것이다. 결국은 회사의 고통으로 이어진다. 모든 것은 연결되어 있다. 따라서 조직 경영 차원에서 회사와 가정을 연결하여 모두가 공동체 의식을 높일 수 있는 전략을 가지고 있어야 한다.

과거처럼 여성이 가사를 도맡아 왔던 시대와는 달리 현대 사회의 가정의 모습은 많이 변해왔다. 일단 가사노동 분담이 많아지고 있고, 여성들의 사회적 지위가 상당히 높아졌다. 또한 가사도구의 발달과 핵가족화의 영향으로 여성들의 자유시간이 늘어나고, 교육수준 향상과 함께 여성들의 사회적 참여가 늘었다. 그 반면 가정에 또 다른 문제가 생기고 있다.

부부가 서로 바쁘다는 이유로 자녀교육에 대한 대부분을 학원과 학교에 맡기고 있다. 자녀에게 도덕적 가치관을 길러주는 가정의 교육적 기능이 약해지고 있다는 것이다. 또한 부부간에 서로 피곤해서, 아이들도 공부 때문에 가족 간 소통시간이 줄어들고 있다.

최근 이혼율이 증가하고, 가족 간 폭력과 살인 등 자신의 감정 상태를 극단적으로 표현하는 경우를 자주 보게 된다. 정서적 불안감

3장 홀리스틱 리더로 거듭나기 위한 조건을 갖춰라

에서 나타나는 증상들이다. 이제 기업들도 사회적 책임감을 가져야
한다.

자신이 현재 리더라면 몸담고 있는 조직의 구성원들 가정은 안전
하다고 생각하는가, 아니면 조직의 경영 성과를 높이기 위해 월급 받
은 만큼은 일해야 한다고 강요하고 있는가? 구성원들도 일을 잘 하
고 싶고, 조직 내에서 인정받고 싶은 마음은 굴뚝같을 것이다. 조직
의 리더는 구성원들이 월급 받은 것 이상의 업무성과를 낼 수 있도록
직원들을 고무시켜야 한다.

그러기 위해서 리더는 홀리스틱 관점에서 회사와 가정과 개인을
별개의 것으로 보는 것이 아니라 하나로 볼 줄 알아야 한다. 즉 홀리
스틱 리더는 회사와 가정이 공동체라는 인식을 심어주기 위한 다양
한 경영 전략을 구상해야 할 것이다. 가정이 직장생활을 통해 피로
해진 심신을 풀고 노동력을 재생산할 수 있는 보금자리가 되도록 적
극 도와야 한다.

최근 일부 회사들은 '행복한 가정 만들기 프로젝트'를 정기적으로
시행함으로써 회사와 가정이 하나의 공동체라는 인식을 심어주고
있다. 이 프로젝트 과정은 부부사랑 만들기, 자녀교육, 업무 집중력
향상, 애사심 증대 등의 내용으로 구성하여 가족과 함께 2박 3일 외
부 연수원을 빌려 힐링 차원에서 교육을 진행하고 있다. 이러한 교
육활동은 구성원들에게 일 중심에서 일과 가정의 균형을 이룰 수 있
는 기회를 마련해 준다는 점에서 긍정적으로 평가할 수 있다.

기업 경영의 목적은 성과를 많이 냄으로써 경제활동에 기여하는 것이다. 그러나 이제는 단지 수익창출에만 초점을 두지 말고 사회적 가치를 실현하는 쪽에 더욱 비중을 두어 물질과 정신의 균형 잡힌 기업 문화를 만들어 가야 한다. 그것이 기업 이미지로 사회에 비춰질 때 비로소 선한 기업, 착한 부자로 인정받게 되고, 그 조직의 구성원들은 즐거움 속에 가치 있는 조직 문화를 이어갈 수 있을 것이다.

홀리스틱 리더십은 개인과 조직의 관계성을 인식하고 모두가 상생하는 조직 문화를 만들어 가도록 영향력을 미치고, 리더 한 사람이 아니라 모두가 함께 조직을 이끌어 가는 미래형의 새로운 리더십 형태를 강조하고 있는 것이다.

3장 홀리스틱 리더로 거듭나기 위한 조건을 갖춰라

셋, 실종된 도덕적 양심을 찾아
조직의 품격을 높여라

조직은 구성원들의 불안정한 감정 상태로 내부적인 영향을 받지만, 외부고객의 불신감은 조직의 더 큰 불안감으로 다가올 수 있다. 고객으로부터 신뢰감을 잃게 되면 조직 경영이 악화되어 자연스럽게 조직 구성원들의 불안감은 더 커질 수밖에 없다. 따라서 조직의 리더는 개인, 조직, 사회를 독립적인 개념으로 이해하기보다는 홀리스틱 관점에서 전체를 하나로 볼 수 있는 안목을 가져야 한다.

조직은 돈만을 쫓아가기보다는 사회적 가치를 실현하는 것을 경영 이념으로 해야 한다. 결국에는 사회적 가치 실현이 우호적 기업 이미지로 평가되어 경영 성과에 긍정적 영향을 미칠 수 있다.

기업의 사회적 가치를 실현하는 사례는 많이 있는데, 그 중에서도 취약계층으로 눈을 돌리는 것이 바람직하다. 어렵게 살아가는 사람들에게 다시 한 번 도전할 수 있는 기회를 주는 역할을 기업이 앞장서야 한다. 물론 많은 기업들이 이러한 사회적 공헌활동들을 하고 있다. 그러나 일부 기업들은 돈으로 생색내기에 불과한 활동을 하는 경우도 있는데, 진정성이 부족한 사회적 활동은 오히려 기업 이미지에 역효과를 초래할 수 있다. 간혹 사회활동 현장에서 행사의 내용과 의미보다는 사진 찍기에 바쁜 사람들을 종종 보게 된다. 그렇게 진실성이 빠진 활동은 실질적인 도움이 아쉬운 사람들의 마음을 더 아프게 하는 것이다.

사회적 봉사활동을 할 때는 물질보다는 마음으로, 마음보다는 물질과 마음으로, 일시적인 것보다는 지속적으로 확산시켜 나갈 때 그 진정성이 전달될 수 있을 것이다. 그리고 이러한 활동은 외부에 맡기기보다는 임직원들 모두 함께 직접 추진할 때 사회와 조직과 구성원들 간의 정서적 공감을 갖게 되어 우리 모두가 공동체라는 것을 인식하게 되는 것이다.

구성원들의 사회와의 정서적 공감은 물질적인 가치보다는 정신적 가치를 깨우쳐 주는 좋은 기회가 될 수 있기 때문에 조직 내에서의 직무만족도에 긍정적 영향을 미칠 수 있다. 앞서 허츠버그의 동기요인에 대해 언급한 것처럼, 조직 구성원들은 물질적인 가치보다는 정신적 가치를 얻었을 때 직무만족의 동기요인으로 작용한다는 것을 알 수 있었다. 즉 외부고객으로부터 존중과 사랑을 받는다는 것은 단지 회사를 다니면서 먹고 살기 위해 월급을 받는 사람이 아니라 인간으로서 행복한 삶의 가치를 인식시켜 주어 물질과 정신적 가치의

3장 홀리스틱 리더로 거듭나기 위한 조건을 갖춰라

균형을 찾는데 도움을 준다.

당신은 어떤 회사에 다니십니까?

조직의 구성원들은 과연 자사에 대해 어느 정도 자부심을 가지고 있을까? 그 자부심의 기준은 무엇일까? 아마도 사람마다 다 다르겠지만 물질과 정신적 가치 모두를 갖출 때 자부심을 갖게 될 것이다. 결국 조직의 사회적 가치 실현이 조직에 대한 사회적 이미지를 키우는 계기가 되며, 이는 구성원들의 자긍심을 키워주는 결과로 돌아오게 된다. 인과응보(因果應報)라는 말처럼, 선(善)은 선의 결과를 낳고, 악(惡)은 악의 결과를 낳는 것이다.

최근 우리 사회는 어지러운 여러 문제 때문에 골머리를 앓고 있다. 청년실업, 고령화 사회에 따른 노인 일자리, 직장인들의 노후 준비, 경력단절 여성들의 사회적 참여 기회 부족, 워킹맘의 일과 가정에 대한 불균형 등을 비롯하여, 사회 지도자들의 부도덕함과 기업에 대한 불신감은 미래를 불안하게 하는 요인들이다. 이러한 사회적 문제를 해결하는 데는 기업과 정치의 역할이 매우 중요하다.

도덕적 양심이 사라진 세상은 상상만으로도 매우 끔찍하다. 힘센 사람이 힘이 약한 사람들을 방치하고 탄압할 것이 뻔하기 때문이다.

옛날보다는 살기가 많이 좋아졌다고 한다. 그럼에도 아직도 양심을 버리고 살아가는 사람들이 많은 것이 현실이다. 양심이 사라진 세상은 미래가 없다. 사랑으로 위장하고, 정의로 위장해서 힘센 사람들이 돈과 권력으로 부정부패와 폭력, 무시, 배척 등을 일삼는 세상은 이미 양심이 사라져 가는 모습인 것이다. 혹시 내가 속한 조직이 돈과 권력 앞에서 도덕적 양심을 잃어가고 있지는 않은지 각자 한 번쯤 짚어볼 필요가 있다.

시골장터에 소금장수가 있었다. 장사가 잘 되어 배가 조금 부른 소금장수는 초심을 잃고 욕심이 과해지면서 저울을 조작해 속여 팔기 시작했다. 처음에는 눈치를 채지 못하던 손님들이 서서히 소금의 양이 줄어드는 것을 보고 의심하기 시작했다. 결국은 다른 소금가게와 비교해 보고 주인이 저울의 눈금을 조작한 것으로 드러나자, 손님들의 발길은 뚝 끊어지고 그 소금장수는 망하고 말았다. 저울에 손을 댄 사람이 잘못된 것이지, 저울은 잘못이 없다.

세상에서 가장 공정한 저울은 무엇일까? 민주시민이라면 당연히 법의 여신상이 들고 있는 '법의 저울'이라는 것은 다 알고 있을 것이다. 그래서 '정의의 여신상'이라고도 불린다. 작은 구멍가게 저울일지라도 주인이 마음을 나쁘게 먹고 속이다 보면 그 가게는 고객의 신뢰를 잃게 되어 망하게 되는 것처럼, 법의 저울은 민주사회에서 사회질서를 지키고 인간의 양심을 지키기 위해 그 누구도 조작할 수 없는 약속의 징표인 것이다. 이것이 흔들리면 서로를 신뢰할 수 없는 사회가 되어 대혼란의 국면을 피할 수 없게 될 것이다.

법의 여신상의 모습은 여러 가지 의미를 담고 있다. 그녀가 들고

3장 홀리스틱 리더로 거듭나기 위한 조건을 갖춰라

있는 저울은 법을 집행함에 있어 편견이 배제된 평등을 상징하는 것이고, 칼은 국가로부터 나온 법의 엄격한 집행을 의미한다. 그리고 그녀의 눈이 가려져 있는 이유는 저울에 올려진 물건이 무엇인지도, 심판해야 할 사람이 누군지도 모른다는 걸 의미한다. 오로지 법대로 심판을 할 뿐이다. 즉 어느 한쪽으로 치우침이 없는 공평함을 상징한다. 그런데 요즘 그 여신상을 부끄럽게 만드는 사람들이 생겨나고 있다.

얼마 전 친구 모임에 가서 저녁식사를 하고 있는데 옆 테이블에 앉아 있던 사람들의 이야기가 들려왔다. 한 명이 다른 사람들한테 넌지시 질문을 던졌다. 정경유착으로 나라가 시끄러운 일을 염두에 두고 한 질문인 것 같았다. 그는 '이번 지도층 몇몇의 검찰 수사가 어떻게 진행될 것 같아요?'라고 하자, 앞에 있는 사람이 머뭇거림 없이 '나는 관심이 없네. 그냥 또 그렇게 시끄럽다가 말테니까'라고 답하는 것이었다. 그 순간 그 자리에 있던 모든 사람들은 한바탕 웃음을 연발하고는 아무렇지도 않은 듯 다음 주제로 넘어 갔다. 이제는 매번 똑같은 상황에 지겨워진 무관심의 표현인 듯했다. 마치 양치기 소년이 늑대가 나타났다고 거짓말을 자꾸 하니까 진짜 늑대가 나타나도 마을 사람들이 관심을 보이지 않는 것처럼 말이다.

법은 사회생활의 질서를 유지하고, 배분 및 협력의 관계를 규율하기 위하여 발달한 규범 체계이다. 그럼에도 최근 회자되고 있는 말들을 보면 공정한 저울을 의심하는 사람들이 많다. 그 말들을 정리해 보면 첫째, 유전무죄 무전유죄(有錢無罪 無錢有罪)이다. '돈이 있는 사람은 무죄로 풀려나지만, 돈이 없는 사람은 유죄로 처벌 받는다'는 의미로 법의 공정성을 의심하는 사람들의 표현이다.

둘째, 최근 새롭게 회자되고 있는 말은 유권무죄 무권유죄(有權無罪 無權有罪)이다. 이 말은 권력이 법의 저울에 칼을 올려놓는다는 의미로 표현되고 있다. 서로 다른 차이가 있을 때 권력을 가진 사람들이 힘으로 밀어 붙이는 식의 행동을 일컫는다.

셋째, 화제전환이다. 말 그대로 관심을 다른 곳으로 돌린다는 것이다. 국민적 관심을 다른 곳으로 바꾸기 위해 또 다른 자극적 일을 이슈화시키는 것이다. 정작 궁금증에 대한 설명은 없고, 이상한 다른 사건들을 강조함으로써 자연스럽게 관심을 돌리는 방법을 말한다.

그러나 이제는 국민들도 그러한 전략에 반응을 보이지 않는 것 같다. 식상한 전략을 여러 번 반복해서 쓰는 것에 어이가 없기 때문이다. 짧은 시간에 많은 사람들을 속일 수는 있었지만, 많은 사람들을 오랫동안 속일 수는 없다.

양심과 신뢰가 사라지고 상생의 원리를 무시한 사회가 밝은 미래를 기대할 수 있겠는가. 법은 만인에게 평등하게 지켜져야 하는 것인데, 가장 공정해야 할 법의 저울을 의심하는 사회가 되면 안 된다. 법의 저울이 의심 받는다는 것은 집으로 비유하면 기초공사가 부실해서, 기둥이 흔들리는 불안한 공간에서 살아가는 것과 다를 바 없기 때문이다.

그렇다고 이러한 사회적 분위기에 대해 특정한 누구의 잘못으로 몰아가고 지적하기보다는, 자신부터 우리 모두의 잘못으로 인정하

3장 홀리스틱 리더로 거듭나기 위한 조건을 갖춰라

는 것이 중요하다. 더 이상 돈과 권력으로 법의 여신상의 저울에 손을 대는 일은 없어야 할 것이다.

정치인은 정치를 바꾸지 못한다. 권력이 전제가 되어 모든 문제를 풀어가기 때문이다. 정치인이 정치를 바꾸려면 민생을 위한 정치로 전제를 바꿔야 한다. 민생으로 위장된, 권력이 전제된 정치는 민생을 챙길 수 없다는 뜻이다. 기업도 정경유착의 관행을 벗어날 수 없다. 돈을 벌기 위해 권력을 무시할 수 없다는 생각을 전제로 하고 있기 때문이다. 즉 기업은 권력을 이용해 돈을 벌어야 한다는 생각이 전제되어 있기 때문에 정경유착의 관행은 쉽게 사라지지 않을 것이다. 이 세상이 돈과 권력이 행복의 기준이 되어서는 안 된다.

이제 전제를 바꿔야 한다. 조직의 리더가 권력을 이용해 돈을 벌기 위한 생각에서, 사회적 가치를 실현하면서 도덕적 양심을 지키는 일에 앞장선다면 조직 구성원들은 발벗고 동참할 것이다. 모두가 그렇게 동참할 수 있도록 리더십을 발휘해야 한다. 그것이야말로 민주사회에 걸맞은 선진 기업 정신이고 '홀리스틱 리더'라고 자부할 수 있다.

넷, 감정과 이성의 균형을 찾아
타인과의 관계를 승화시켜라

조직의 리더는 구성원들 간의 관계를 무시하고는 리더십을 제대로 발휘할 수 없다. 리더는 다양한 성격과 생각을 가진 구성원들 개개인의 개성을 살려 전체를 아울러서 조직의 비전을 향해 한 방향으로 시너지를 발휘할 수 있도록 하는 능력이 필요하다. 그러기 위해서 리더는 전체를 포용하고 서로의 관계를 잘 만들어 갈 수 있어야 한다. 따라서 홀리스틱 리더는 리더 자신부터 감성과 이성의 균형감각을 찾아 지혜롭게 인간관계를 만들어 갈 수 있는 능력을 갖춘 사람을 말한다. 그래야 구성원들로부터 신뢰와 존경을 받을 수 있기 때문이다. 리더는 신뢰가 무너지면 어떤 영향력도 발휘하기 힘들기 때문에 먼저 프로다운 인간관계 기술을 본보이는 것이 매우 중요하다.

기원전 200년쯤 중국은 진나라 말기의 혼란기로 훗날 항우와 천하를

3장 홀리스틱 리더로 거듭나기 위한 조건을 갖춰라

두고 패권을 다퉈 승리한 유방의 일화다. 당시 유방은 여러 군웅들 중 단연 돋보였던 인물로 날로 세력이 커가고 있었다. 하루는 고양(高陽)이라는 지역을 지나고 있었는데 그 곳에 역이기라는 뛰어난 인물이 있다는 소리에 진중(陣中)으로 불러 들였다. 역이기가 왔을 때 유방은 마침 마루턱에 앉아 두 여인들에게 발을 씻고 있었다. 유방은 그 자세대로 역이기를 맞았는데 이를 본 역이기는 무례하다며 유방을 크게 나무랐다. 많은 부하들이 보는 면전에서 지도자인 자신을 야단치는 역이기 때문에 심히 놀라고 당혹스러운 상황이었으나 침착한 유방은 즉시 용서를 빌고 예를 갖추어 상석으로 모셨다. 이로써 역이기는 유방의 책사가 되어 당면한 문제를 지적하고, 유방을 위해 신명을 바쳐 진(秦)을 멸하는 데 혁혁한 공을 세우게 되었다. 유방의 사람 됨됨이를 말해주는 이 이야기는 결국 감정을 다스려 이성적인 판단으로 인재를 얻는다는 지도자의 지혜로운 인간관계 능력을 대변해 주는 것이다.

이와는 반대로 외부의 자극에 잘못 대처하면 조직에 심각한 문제가 일어날 수 있다.

가마솥에 물을 끓이고 있는 중에 물이 끓어서 뚜껑 밖으로 넘쳐 흐르고 있었다. 그 상황을 지켜보고 있던 주인은 큰 돌멩이를 가지고 가서 물이 넘치지 못하도록 솥뚜껑 위에 올려놓았다. 그래도 계속 넘치니까 주인은 다시 더 큰 돌멩이를 가져다가 솥뚜껑 위에 계속 올려놓았다. 과연 어떤 결과가 생길까? 아마도 압력에 못 이겨 솥뚜껑은 폭발하고 말 것이다.

이처럼 어떤 강한 자극이 왔을 때 지혜롭게 대처하지 못하면 솥뚜껑이 폭발하듯이 문제해결을 할 때나 인간관계에서도 좋은 결과를 기대하기 힘들다. 평소 인간은 감정과 이성이 적절한 균형을 이루고 있다. 그러나 긍정적이든 부정적이든 외부로부터 강한 자극이 왔을 때는 이성과 감정이 균형감각을 잃게 된다. 물론 긍정적인 자극이 왔을 때는 너무 기분이 좋아서 사기를 당할 수 있는 가능성만 제외하고는 큰 문제가 되지 않을 것이다. 그러나 부정적인 자극이 왔을 때 인간의 감정은 이성을 지배해 버린다. 그래서 우스개 소리로 '열 받으면 눈에 뵈는 게 없다'는 말도 한다.

그렇다면 자극에 대해 지혜롭게 반응하는 방법은 무엇일까? 내 경우에는 일단 멈추고, 생각하고, 선택하는 세 박자 리듬을 시도하고 있다. 우선적으로 멈추는 습관을 가져야 한다. 기존의 습관을 바꾸는 데는 시간이 걸리므로 처음에는 과거의 습관대로 부정적인 자극이 오게 되면 고민하지 않고 곧바로 나의 감정을 표현하게 된다. 그렇기에 감정과 이성의 균형을 유지하기 위한 시간이 필요하다. 심호흡을 하면서 잠시 멈춰야 한다.

그리고 'BRICS 사고'를 시작한다. 균형감각을 찾아 다름을 인정하기 위해서는 역지사지에서부터 시작된다고 강조한 바 있다. 전체적인 안목을 가지고 역지사지의 입장을 기본으로 서로의 장점과 단점, 부정과 긍정 등을 가지고 BRICS 과정을 거친 다음 서로가 상생할 수 있는 최선의 반응을 선택하는 것이다. 즉 자극에 대해 즉각 반응하기 전에 일단 멈추고, 생각하고, 선택하기를 반복해야 한다. 말은 간

3장 홀리스틱 리더로 거듭나기 위한 조건을 갖춰라

단한 것 같아도 실제로 행동으로 옮기는 것은 그리 만만치 않다.

몸의 근육을 키우기 위해서는 같은 동작을 반복해야 하듯이, 반복된 훈련만이 새로운 관계를 만들어 갈 수 있다. 그러나 'BRICS 사고'를 하는 과정에서 순간적으로 포기를 하게 되면 곧바로 이분법적인 틀로 떨어지게 되어 대립 상태인 감정 싸움으로 갈 확률이 매우 높아지게 된다. 이는 근육을 키우는 노력이 힘들어 중도에 포기하면 금방 원래 몸 상태로 돌아가는 것과 같다.

쇼핑센터에서 쇼핑을 마치고 주차장에서 출발하려는데 옆에 있던 차 주인이 자동차 앞문을 열다가 당신의 차를 크게 부딪쳤다고 가정해 보자. 당연히 잘못을 한 차 주인은 나에게 사과를 할 것이라고 기대했는데, 차 주인은 아무런 사과의 말도 없이 자신의 자동차에 올라탔다. 그 순간 화가 난 당신은 창문을 내리면서 상대방을 부르고 이렇게 말할 것이다. '여보세요, 남의 차를 부딪쳤으면 사과를 하는 게 예의가 아닌가요?'라고. 그러자 그 사람이 '보아하니 새 차도 아니고 낡은 똥차 같은데 그렇게 예민합니까?'라고 말했다고 가정을 해보자. 지금 당신이 이 상황이라면 멈추고, 생각하고, 선택하는 과정을 행동으로 실천할 수 있을까? 아마도 쉽지는 않을 것이다. 만약 그 순간 감정과 이성의 균형을 유지하지 못한다면 둘 중 하나는 극단적인 행동으로 맞서게 될 것이다.

그러나 조직의 혁신적인 변화를 꿈꾸는 리더라면 어떤 상황에도 멈추고, 생각하고, 선택하는 반복훈련 과정을 선택이 아닌 필수과정으로 여기고 노력해야 한다.

모르는 사람들과는 관계에 좋고 나쁨이 있을 수 없다. 대부분 가까운 사람들이나 자주 만나게 되는 사람들 간에 서로 오해와 갈등으로 불편한 관계가 생길 수 있다. 혹시 가까운 사람들과의 관계에서 서로가 오해를 하고 있어서 불편한 관계를 가지고 있는 사람이 있는지 생각해 보라. 서로의 의견 차이를 각자가 틀리게 해석하여 갈등의 골이 깊어져 있는 사람 한 명의 이름을 적어 보기 바란다. 지금 여러분이 적은 그 사람을 대상으로 지금부터 'BRICS 사고'를 작동시켜 보길 제안한다.

우선 빈 노트를 하나 꺼내어 메모할 준비를 한다. 그런 다음 첫 번째로 상대방과의 관계를 불편하게 했던 문제가 무엇인지에 대한 정의를 정확하게 글로 적어 본다. 그리고 두 번째는 그 문제에 대한 원인이 무엇인지를 정확하게 분석하여 글로 적도록 한다. 세 번째는 상대방의 생각과 나의 생각을 따로 구분하여 적어 본다. 이것은 자신의 주장만을 고집하는 것을 방지하기 위한 절차이다. 일단 양쪽의 의견을 적는 것이 중요하다. 그리고 나서 상대방의 의견에 대한 장점과 단점을 구분하여 분석해 본다. 단 한번의 분석으로 그치면 큰 의미가 없다. 처음 분석한 장점과 단점을 가지고 다시 한 번 장점 속에 단점은 무엇인지, 단점으로 분석된 내용 속에 장점은 무엇인지를 반복하는 과정을 거쳐야 한다. 그 과정을 통해 상대방이 주장하려던 내용이 무엇인지를 깊게 생각해 보는 것이다.

그렇게 상대방의 의견을 분석한 다음 같은 방법으로 자신의 의견

3장 홀리스틱 리더로 거듭나기 위한 조건을 갖춰라

에 대한 내용을 분석해 본다. 그러면 자신의 의견 중 장단점이 무엇인지 좀 더 객관적으로 이해할 수 있게 된다. 이렇게 양쪽의 생각을 균형감각을 가지고 전체적인 관점에서 연결을 하는 과정을 하다 보면 상대방과 나의 의견이 틀린 것이 아니라 다른 것임을 체험하게 된다. 그 결과 한 가지 주제에 대한 의견 차이를 다르게 인정함으로써 새로운 결과를 만들어 낼 수 있는 가능성이 커지게 되는 것이다.

대체적으로 사람들의 갈등은 'BRICS 사고' 과정을 거치지 않은 상황에서 자신의 입장에서 일방적으로 주장하는 데서부터 갈등의 불씨가 커지기 시작하는 것이다. 물론 상대방의 의견이 전혀 논리적이지 않다면 그것은 틀린 것이다. 그러나 논리적이지 않다고 사람을 무시하거나 깔보는 일은 없어야 한다. 내가 상대방을 미워하고 무시한다면 그 사람 역시 나를 미워하고 무시하게 되는 건 당연하다. 결국 사람의 관계는 연결되어 있기 때문에 서로 존중해 주는 것은 리더가 기본적으로 갖춰야 할 덕목이다.

다섯, 사물과 현상을 꿰뚫어 보는
지혜의 '눈'을 즐겨라

인간은 누구나 행복한 미래를 꿈꾸면서 살아간다. 그러나 아이러니하게도 꿈꾸는 사람들은 많은데 그 꿈을 이루며 살아가는 사람들은 그리 많지 않다. 왜 그럴까? 아마도 꿈을 위한 조건을 충족시키기 위해 행동하는 사람과 생각만 하고 행동하지 않는 사람과의 차이에 따라 결과가 달라지기 때문일 것이다.

조직의 리더 역시 마찬가지이다. 다양한 변화를 감지하고, 조직이 가야 할 목표와 방향을 결정하고 그 목표 달성을 위한 조건 충족을 위해 행동해야 한다. 결국 기업도 조건을 충족하느냐 못 하느냐에 따라 성장이냐, 퇴보냐가 결정되는 것이다.

최근에 사회 곳곳에서 인문학을 통해 미래의 혜안을 찾으려는 노력이 한창이다. 그러나 과연 인문학을 통해 깨달은 지혜들을 얼마나 자신의 삶과 조직에 적용하고 있는지에 대해서는 의문이 든다. 즉

3장 홀리스틱 리더로 거듭나기 위한 조건을 갖춰라

인문학은 배운 것을 행동으로 실천하는 과정에서 사물과 현상에 대한 본질을 깨닫게 되고, 궁극적으로는 인간의 본질이 무엇인가를 이해하는 학문이다. 때문에 인문학은 학(學, 배움)의 단계에서 습(習, 익히다)의 단계로 이어질 때 비로소 지혜의 '눈'을 갖게 되는 것이다. 따라서 조직의 리더가 지혜의 '눈'을 갖기 위해서는 다음과 같이 다섯 가지 행동원칙을 실천해야 한다.

첫째, 즐기려면, 즐겁지 않음을 먼저 즐겨야 한다.

개인과 조직은 꿈꾸는 미래를 현실로 만들기 위한 과정에서 반드시 대가를 지불하여야 한다. 한 번도 가져보지 않은 것을 가지려면, 한 번도 해보지 않은 행동을 해야 하는 것은 당연한 일이기 때문이다. 다시 말해서 미래를 즐기려면, 현재 즐겁지 않음을 먼저 즐겨야 한다는 말이다. 그럼에도 불구하고 많은 조직의 리더들은 배움에는 열중하며 노트에 빽빽하게 메모를 잘 하면서도 행동으로 실천하는 데는 머뭇거림이 심하다.

원효는 한마음 사상에서 깨달음을 얻는 세 가지 지혜를 제시하였다. 첫째는 문혜(聞慧)로 스승의 교훈을 듣고 그대로 따라가는 지혜를 말한다. 두 번째는 사혜(思慧)로 듣고 배운 것을 스스로 생각해서 옳다고 믿게 되는 지혜이다. 세 번째는 수혜(修慧)로 얻어진 지혜를 실천을 통해 체득해 가는 지혜를 말한다.

이와 같이 배운 것을 알게 된다는 것은 경험을 통해 깨달음이 있을 때 진짜 알게 된다는 의미다. 즉 아는 것과 행동이 일치한다는 지행합일(知行合一)의 사자성어로 표현하는 것이 맞을 듯싶다. 본래 학습의 의미도 배우고 익힌다는 뜻으로, 배움이 행동으로 표현될 때 의미를 갖는다.

성공하지 못하는 조직들은 분명한 목표를 가지고 있어도 과거의 관행을 버리지 못하고 '할 수 있는 일'만 하기 때문이다. 그러기에 지금보다 더 나은 미래를 창조해 가는 것은 역부족이다. 조건을 충족할 수 없기 때문이다. 아니면 조직의 목표가 잘못 설정되었을 가능성이 크다. 일 년 뒤에 한 살 더 먹는다는 것은 당연히 이뤄지는 것이기에 올바른 목표라고 할 수 없는 것처럼, 조직의 목표가 현재의 능력으로 자연스럽게 달성될 수 있는 것은 좋은 목표라고 할 수 없다.

그러나 성공하는 조직들은 다르다. 그들은 현재의 수준보다 더 높은 조직의 목표를 세우고 그 목표를 위해 '해야 할 일'을 결정해 놓고, 조직의 변화를 통해 '해야만 하는 일'을 계획적으로 추진해 나가는 특징을 가지고 있다. 그렇기 때문에 새로운 경험에 비례하여 목표성취가 가능해지는 것이다. '해야만 하는 일'이란 대체적으로 한 번도 해 보지 않은 일일 가능성이 크다. 새로운 경험이 요구된다는 것이다. 새로운 환경은 기대감이 앞서긴 하겠지만 이면에는 낯설고, 두렵고, 어색한 느낌이 동시에 존재한다. 그러므로 즐겁지만은 않을 것이다. 따라서 홀리스틱 리더는 즐겁지 않음을 즐길 줄 알아야 한다.

'새 술은 새 부대에 담아야 한다'는 말의 의미는 부대에 남아 있는

3장 홀리스틱 리더로 거듭나기 위한 조건을 갖춰라

기존의 술 냄새 때문에 새 술에 대한 향을 그대로 살릴 수 없다는 것을 뜻한다. 마찬가지로 조직이 새로운 변화를 시도하기 위해서는 관행으로 이어지는 관습의 유혹으로부터 벗어나야 한다.

인간은 살아가면서 반복된 생각과 행동에 의해서 습관이 생기게 되면서 그 사람의 인격을 만들어 간다. 인간이 아무것도 도전하지 않고 살아간다면 변화에 대한 불편함은 느끼지 못할 것이다. 그러나 도전하지 않고 변화하지 않으면 인생의 참 행복은 기대할 수 없다. 행복은 꿈을 점진적으로 실현하는 과정에서 느끼는 가치이기 때문이다. 조직도 마찬가지로 경영 성과를 높이고 사회적 가치를 실현하기 위해서는 비전을 가지고 점진적으로 실현해 가는 과정을 거쳐 품격 있는 조직을 만들어 가야 한다.

일부 조직의 리더들이 변화를 거부하는 이유는 실패에 대한 두려움이 크기 때문이다. 변화는 누구에게나 두려운 것일 수 있다. 그러나 변화를 받아들이기로 마음먹은 리더들은 실패 속에 성공의 결과가 있다는 사실을 알고 있다. 또한 새로운 환경에 대해 적응하지 못하는 리더는 변화를 머뭇거리게 된다. 변화는 처음에는 낯설고 부담되는 어색한 손님과 같은 존재인 것은 틀림이 없다. 그렇지만 변화를 인정하고 수용한다면 금방은 아니겠지만 친숙해지는 것 또한 틀림없는 사실이다. 처음 만나는 사람은 낯설고 어색하지만 시간이 지나면서 자주 보게 되면 친숙한 친구가 되는 것처럼 말이다.

처음의 어색하고 불편함도 언젠가는 익숙해지는 것이다. 예를 들어 글씨 쓰기를 통해 경험을 해 보도록 하자. 내가 평소 익숙하게 사용하던 손으로 '변화'라는 글씨를 써보기 바란다. 그 다음 반대편 손으로 똑같이 '변화'라는 글씨를 써보자. 금방 느끼게 될 것이다. 평소 잘 사용하지 않던 손으로 쓴 글씨는 글자인지 그림인지 모를 정도로 이상할 것이다. 그렇지만 반복되는 연습을 하게 되면 조금씩 익숙해지게 된다.

현명한 조직은 오늘 변화에 대한 대가를 충분히 지불하고 내일을 즐기는 조직이다. 결국 조직의 행복한 미래를 위해서는 기존의 관습이라는 편하고 달콤한 유혹을 뿌리치고 변화를 즐겨야 한다. 변화는 독수리의 환골탈태처럼 대가를 치른 다음에 결과를 약속하는 속성이 있다.

습관은 하루아침에 만들어지는 것이 아니다. 습관이 만들어지기까지는 많은 시간이 필요하지만, 한 번 만들어지게 되면 너무나도 쉽고 익숙하다는 특성이 있다. 경쟁구조 속에서 살아가는 조직의 리더들은 기존에 오랜 시간 훈련돼온 '이분법적 사고의 틀'로 사물과 현상을 해석하는 습관을 하루아침에 고치기 어렵다. 이 말은 'BRICS 사고'를 습관화하기 위해서는 어색함을 즐겨야 하고, 변화하는 과정에서 요구되는 대가를 지불해야 한다는 의미이다.

예컨대, 개인적으로 인간관계를 위해 노력하는 측면에서 본인은 'BRICS 사고'를 통해 다름을 인정하고 새롭게 관계개선을 노력하고 있는데 반해 상대방은 여전히 '이분법적인 틀'로 맞선다면, 노력하는 사람의 입장에서는 더욱 감정적 자제에 어려움을 겪게 될 것이다.

3장 홀리스틱 리더로 거듭나기 위한 조건을 갖춰라

그 순간이 바로 변화의 시작점에서 느끼게 되는 어색함으로 기존의 습관으로 돌아가려는 유혹일 수 있다. 그 순간을 이겨내는 것이 대가를 지불하는 것임을 명심해야 한다.

또한 조직에서도 업무를 추진하는 과정에서 기존의 관행 업무 스타일에서 'BRICS 사고'로 무장되어 변화된 업무태도를 가진다면 주변 사람들로부터 새롭게 관심을 받는 경험도 하게 될 것이다. 물론 초기에는 본인부터 힘들어질 수 있다. 그러나 'BRICS 사고'를 전제로 한 업무태도로 반복된 노력을 한다면 본인 한 명의 작은 변화가 조직 전체의 변화로 확산되어 긍정적인 경영 성과에 기여할 수 있게 될 것이다.

따라서 조직의 리더는 'BRICS 사고'를 즐기기 위해서는 세 가지 과정을 통해 노력하는 것이 바람직하다. 첫째, 몰입하는 것이다. 즉 새로운 경험에 몰입하는 것이다. 그러기 위해 무엇을 위해 변화해야 하는지에 대한 정의가 분명해야 한다. 자신이 그 변화를 통해 얻고자 하는 목표가 무엇인지를 분명히 해야 한다. 목표에서 눈을 떼지 말아야 현재 하는 새로운 경험에 몰입할 수 있다.

둘째, 비판적 성찰을 꾸준히 하는 것이다. 학습은 경험으로부터 시작된다. 새로운 경험은 완벽하다고 볼 수 없기 때문에 경험에 대한 성찰을 통해 경험 속에서 얻어지는 학습의 의미를 만들어 가는 것이다. 비판적 성찰은 자신의 변화와 성장이 일어나는데 필수적인 과정이다.

셋째, 반복하는 것이다. 새로운 경험과 성찰 과정을 반복하는 것이다. 결국은 반복된 행동 속에서 새로운 습관이 만들어지고, 그렇게 새롭게 만들어진 습관들이 하나씩 채워질 때 기존의 습관은 자리를 양보하게 된다.

조직에서 리더가 생각을 바꾸면 조직의 운명이 달라질 수 있다. 앞서 이미 언급한 것처럼, 이제는 리더가 생각을 바꾸기 전에 선행되어야 할 것이 생각의 구조 즉, 'BRICS 사고의 틀'로 전제를 바꾸라는 것이다. 그래야 비로소 리더의 생각이 달라지고 조직의 운명이 달라진다는 사실을 기억했으면 한다. 모든 성공은 대가를 지불하는 도전하는 과정을 통해 만들어진다. 세상에는 공짜가 없다는 평범한 진리는 리더십 개발에도 적용된다.

둘째, 보던 대로 보았다면 이젠 새롭게 보는 '눈'을 즐겨야 한다.

인간은 여러 가지 감각 중 시각에 가장 많이 의존하면서 살아간다. 그래서인지 우리들은 흔히 눈에 보이는 것이 모두 진실이라고 믿을 때가 많다. 그러나 놀랍게도 인간의 눈은 때로는 선입견이나 편견, 고정관념에 사로잡혀 실제와 전혀 다르게 보기도 한다. 우리가 인생을 지혜롭게 살아가기 위해서는 세 가지의 눈을 잘 활용해야 한다. 첫 번째는 육체의 눈인 육안(肉眼)이며, 두 번째는 마음의 눈인 심안(心眼)으로 사물을 살펴 분별하는 능력을 가져야 한다는 것과 세 번째는 사물의 본질을 꿰뚫어 보는 안목과 식견을 가진 지혜의 눈인 혜안(慧眼)을 가져야 한다.

거리에 세 사람이 걷고 있었다. 그들은 부동산 임대업자, 패션 디

3장 홀리스틱 리더로 거듭나기 위한 조건을 갖춰라

자이너, 건축가로 각각 다른 직업을 가지고 있었다. 그들은 각자 자신의 직업과 관련된 이야기를 하면서 걷고 있었다. 부동산 임대업자는 거리의 상가 위치와 고객들의 움직임을 고려한 동선의 중요성 등에 관해 전문가답게 설명을 했다. 패션 디자이너는 사람들의 옷차림과 다양한 색채감에 대한 이야기를 했으며, 건축가는 건물의 설계구조 등에 관심을 보였다.

이렇게 사람들은 자신의 관심사에 대해 주목하게 된다. 일단 새로운 것을 보기 위해서는 자신의 관심사에 대해 보던 대로 보는 눈을 가져야 한다. 중요한 것은 관심을 가져야 보이는 것이 있다는 것이다. 관심을 가지지 않으면 보고 있으면서도 기억하지 못하게 되고, 제대로 그 본질을 이해할 수 없게 된다.

예를 들면, 여러분이 현재 살고 있는 집 또는 자주 머물렀던 사무실, 자주 다니던 길목 등에서 직접 실험을 해보기 바란다.

일단은 그 공간에서 눈을 감는다. 그렇게 눈을 감은 상태로 현재 자신이 위치한 공간에서 빨간 색깔의 물건이 무엇이 있는지 생각해 보라. 한두 가지씩은 천천히 생각이 날 것이다. 그렇게 일 분 정도 있다가 눈을 뜬다.

그럼 이제부터는 눈을 뜬 상태에서 현재 공간에서 빨간 색깔의 물건을 보이는 대로 말해 보라. 아마도 더 많이, 더 빠른 속도로 그 목표물을 찾게 될 것이다. 이처럼 눈을 감고 있을 때는 평소 빨간색 물건에 관심을 가지고 있지 않았기 때문에 오랜 시간 머물러 있던 곳에서도 기억을 하지 못하는 것이다. 그러나 눈을 뜨고 빨간색이라는 목표물을 정하고 보면 많은 것이 눈에 들어오게 된다. 즉 관심을 가지면 그것이 눈에 들어와 잘 보이고 또 기억하게 된다.

따라서 새로운 것을 보기 위해서는 관심거리를 먼저 정해야 한다. 다시 말하면 미래의 조직 목표에 관심을 가져야 그와 관련된 정보가 내 눈에 보이기 시작하고 귀에 들리기 시작하는 것이다. 인간은 생각한 대로 보게 되고, 보는 대로 생각하며 살아가기 때문이다.

먼저 관심의 대상을 정한 다음에 현장경험을 통해 관찰력을 키우는 일이 중요하다. 이것은 현장에서 사실적 근거를 기준으로 새로운 것을 찾아낼 수 있는 통찰력을 키우는 노력의 과정이라고 할 수 있다. 영감은 그냥 생기는 것이 아니라 현장경험과 관찰로부터 나오는 것이다.

한 대학교수가 실험실에 들어온 학생들에게 비커를 하나씩 주면서 각자 자신의 소변을 담아오라고 지시했다. 학생들은 자신의 소변을 비커에 담아왔다. 교수 역시 자신의 소변을 비커에 담아왔다. 소변이 든 비커 앞에 선 교수는, 학생들에게 각자의 소변을 찍어서 맛을 보라고 지시했다. 학생들이 망설이자 교수는 솔선수범해서 자신의 소변을 손가락으로 찍어 자연스럽게 입으로 가져갔다. 그리고 학생들에게 다시 지시했다. 학생들은 찜찜했지만 어쩔 수 없이 소변을 집게손가락으로 찍어 맛을 보았다.

그러자 그 광경을 지켜본 교수가 말했다. '여러분! 여러분은 배우는 학생으로, 또 연구하는 사람으로서 가져야 할 중요한 자질 가운데

3장 홀리스틱 리더로 거듭나기 위한 조건을 갖춰라

용기를 가지고 있습니다. 하지만 여러분은 배우고 연구하는 사람으로서 가져야 할 중요한 특성이 없습니다. 그것은 관찰입니다. 사실 저는 집게손가락으로 소변을 찍어 가운뎃손가락으로 맛을 보았습니다. 결국 저는 소변을 먹지 않았습니다.' 학생들은 소변을 찍은 손가락과 맛을 본 손가락이 다르다는 사실에는 관심을 기울이지 않았던 것이다. 이처럼 본질을 꿰뚫어 보기 위해서는 관찰력이 매우 중요하다.

이와 같이 사람들은 평소에 보던 대로만 보고, 보이는 대로만 보는 습관을 가지고 있다. 그러나 새로운 것을 보기 위해서는 세밀한 관찰력을 키워야 한다. 그래야 본질을 이해할 수 있게 되고 분석하는 과정에서 영감이 떠오르게 되는 것이다.

어려운 상황에서 새롭게 보는 눈을 통해 위기를 기회로 만들었던 사례를 소개하고자 한다. 2008년 미국은 극심한 불황을 겪고 있었다. 자동차를 아무도 사지 않는 시기이기도 했다. 자동차 관련 기업들은 경영에 위기가 닥친 것이다. 하지만 이런 상황에서 현대자동차는 40% 이상이나 판매실적을 올리는 놀라운 결과를 만들어 냈다. 현대자동차는 다른 회사들이 자동차 마케팅에 힘쓰고 있을 때 고객들의 마음속에 있는 걱정거리를 들여다보기 시작했다.

많은 고객들은 돈이 없어서 차를 못사는 것이 아니라 살 수는 있지만 차를 산 후 직장에서 해고되어 할부금을 갚지 못할 수도 있다는 불안감에 차를 사지 못하고 있다는 사실을 알게 되었다. 이러한 고객들의 걱정

을 알게 된 현대자동차는 어슈어런스(assurance) 프로그램을 개발하게
된다. 이 프로그램은 실직자 프로그램으로 고객이 현대자동차를 구매한
후에 직장에서 해고가 되면 구입한 차를 현대자동차가 다시 좋은 가격
으로 되사주는 프로그램이다.

이처럼 세밀한 관찰력은 밖으로 드러나지 않는 고객의 마음을 제
대로 볼 수 있게 함으로써 새로운 가치를 만들어 낼 수 있고, 위기를
기회로 바꿀 수 있는 혜안을 갖게 한다.

지금까지 보던 대로 보고, 새롭게 보는 눈을 즐기기 위해서는 먼
저 관심대상이 무엇인지를 정하고, 현장 경험과 관찰력을 가져야 한
다고 설명하였다. 그러나 새로운 것을 보는 눈을 통해, 새로움을 창
조하기 위해서는 자신의 관심사에만 머물러 있어서는 안 된다. 그것
또한 시간이 지나면서 고정관념의 늪에 빠질 수 있기 때문이다. 따
라서 자신의 관심사와 이질적인 것과의 균형감각을 가지고 전체적
인 관점에서 서로를 연결하는 노력을 통해 자신의 관심부분에서 새
로운 창조물을 만들어 내는 것이다. 이것이 말하고자 하는 'BRICS 사
고'이고, 'BRICS 인생(LIFE)'인 것이다.

셋째, **마침표를 넘어설 때, 새로움을 볼 수 있다.**

두 형제가 있었다. 형은 공부를 잘하는데 동생은 공부보다는 운동을
좋아하는 장난꾸러기였다. 하루는 형이 동생에게 산수 공부를 가르쳐주
기 위해 시장에서 동생 머리통만한 사과를 다섯 개 사가지고 집으로 왔

다. 동생과 마주 앉아 사과 다섯 개를 앞에 놓고 형이 동생에게 질문을 했다. '동생아, 다섯 개의 사과 중에서 형이 세 개를 먹으면 몇 개가 남는 거니?'라고 물었다. 한참을 고민하던 동생은 형의 얼굴을 쳐다보면서 인상을 찌푸리기 시작했다. 그러면서 형에게 '형, 다 먹어라. 형은 욕심쟁이야. 난 안 먹어'라고 하는 것이 아닌가. 형은 순간 기가 막혀서 할 말을 잃고 말았다.

형은 동생을 위해 신념을 굽히지 않았다. 일주일 뒤 다시 사과 다섯 개를 놓고 동생과 마주 앉아 질문을 했다. '네가 세 개를 먹으면 몇 개가 남을까? 이번에는 장난치지 말고 정확하게 대답해봐'라고 경고하면서 동생의 답을 기다렸다. 잠시 후 동생은 형의 마음을 알고 진지하게 '세 개가 남는다'라고 대답을 했다. 형은 순간 화를 내면서 동생을 야단치기 시작했다. 동생은 형이 야단치는 것이 이해가 안 된다는 표정으로 형의 얼굴을 쳐다보았다. 그리고 형에게 물었다. '형은 왜 그렇게 화를 내는 거지? 나는 진지하게 생각해서 세 개가 남는다고 했는데 뭐가 잘못된 거지?' 형은 기가 막혀 하다가 동생에게 왜 세 개라고 생각하는지를 설명해보라고 했다. 그러자 동생은 '내가 사과를 세 개 먹었으니 나에게 남는 것은 세 개가 맞지?' 옛말에 '먹는 게 남는 거'라는 말도 있듯이, 밖에 있는 사과는 시간이 지나면 썩어 없어지지만, 내가 먹은 세 개의 사과는 내 몸으로 들어와 영양을 공급했기 때문에 나한테 남는 건 세 개가 될 수 있다고 설명한 것이다.

만들어낸 이야기라며 어처구니없다고 생각할 수도 있다. 그러나 우리들이 그렇게 생각하는 것은 마침표 교육에 익숙해져 있다는 반증이다. 물론 시험문제에 숫자로 물어보면 당연히 5에서 3을 빼면 2가 되는 것이다. 그러나 생활 속에서는 꼭 2라고 생각해야 한다는 강제조항은 없다. 즉 배운 대로만 하라는 법이 없다는 말이다.

얼음이 녹으면 물이 되기도 하지만, 한 초등학생의 답처럼 겨울이 지나고 봄이 오는 것 또한 사실이다. 시험문제에 얼음이 녹으면 물이 아니고 봄이 온다고 다소 엉뚱한 답을 한다고 세상에서 낙오자가 되는 것은 아니다. 오히려 세상을 발전시키는 데 필요한 창의적 사고일 수도 있다. 그런데 우리 사회는 무조건 점수로 평가하여 한 줄로 줄 세우기를 한다. 시험문제를 그렇게 낼 수밖에 없는 교육제도에 문제가 있는 것이지, 꼭 배운 대로 답하지 않은 게 잘못은 아니잖은가.

마침표 교육으로 일관되어온 덕분에 시험문제에서 요구하는 답만을 잘 맞추는 우리의 교육은 새로운 답을 만드는 데는 한계성을 드러내고 있다. 청소년들은 아직도 선행학습이라고 해서 학교에서 배울 내용을 학원에서 미리 배운다. 그리고 똑같은 내용을 학교에서 반복해서 배운다. 그리고 시험 때가 되면 배운 내용을 복습한다. 이렇게 예습, 학습, 복습의 모든 과정에서 주어진 답만을 반복하기 때문에 새로운 답을 만들어가는 것이 쉽지 않다.

예컨대, 1 더하기 1은 꼭 2인가? 아니면 다른 답이 나올 경우는 없을까? '2가 아닐 수도 있다'라고 자유롭게 생각해 볼 수 있는 기회를 준다면 사람마다 다양한 생각을 할 것이다. 그리고 각자가 생각한

3장 홀리스틱 리더로 거듭나기 위한 조건을 갖춰라

것을 한자리에 모여 토론하다 보면 하나의 주제를 가지고 다양하게 생각하는 방법을 얻게 되는 것이다. 마침표 말고도 물음표, 느낌표 교육이 추가되어야 한다. 이를 위해 질문형 교육과 토론형 교육이 하루빨리 정착되어야 한다.

미래는 창의성이 요구되는 시대이다. 2014년 10월 24일자 조선일 보 기사에 의하면 국내 L그룹의 회장은 '1+1=100'이라는 미래구조방 정식을 강조하면서 기술과 산업 간의 융·복합을 촉진하여 미래시 장을 선도해야 한다고 강조한 바 있다. 이 방정식은 서로를 융합하 여 무한 창조의 가능성을 만들어 가야함을 강조하고 있는 것이다. 마침표에 길들여져 있는 리더들은 창의성이 요구되는 시대에서는 조직의 변화를 이끌어 갈 수 없다.

개인, 조직, 사회적 차원에서 'BRICS 사고'를 즐기려면 마침표를 넘 어 물음표, 느낌표 모두를 아우를 수 있어야 한다. 새로운 것을 보기 위해서는 호기심을 가지고 자신의 느낌을 당당하게 표현해 보는 용 기가 필요하다. 'BRICS 사고'는 균형 감각이 있는 삶의 태도를 가지 게 한다. 또한 전체를 보는 안목을 키워주고, 모든 관계에 의미를 두 고 서로를 연결함으로써 통찰력을 길러준다. 그 결과 새로운 변화에 적응하게 되고, 변화를 주도해 가는 리더로 거듭나게 해줄 것이다.

넷째, 바꾸고 또 바꿔라. 그래야 새롭게 볼 수 있다.

삼성 이건희 회장은 ≪생각 좀 하고 살자≫라는 자서전에서 자신이 영화광이며 영화를 남다르게 보는 방법을 다음과 같이 소개했다. '나는 영화를 감상할 때면 처음에는 주인공에게 치중해 보게 된다. 주인공의 처지에 흠뻑 빠지다 보면 자기가 그 사람인 양 착각하기도 하고, 그의 애환에 따라 울고 웃기도 한다. 그런데 스스로 조연이라고 생각하면서 영화를 보면 아주 색다른 느낌을 받는다. 나아가 주연, 조연뿐만 아니라 등장인물 각자의 입장에서 보면 영화에 나오는 모든 사람의 인생까지 느껴지게 된다. 거기에 감독, 카메라맨의 자리에서까지 두루 생각하면서 보면 또 다른 감동을 맛보게 된다. 그저 생각 없이 화면만 보면 움직이는 그림에 불과하지만, 이처럼 여러 각도에서 보면 한 편의 소설, 작은 세계를 만나게 되는 것이다. 이런 방식으로 영화를 보려면 처음에는 무척 힘들고 바쁘다. 그러나 그것이 습관으로 굳어지면 입체적으로 생각하는 '사고의 틀'이 만들어진다. 음악을 들을 때나 미술작품을 감상할 때, 또 일할 때에도 새로운 차원에서 눈을 뜨게 된다'고 했다.

그는 한 편의 영화를 통해 다양하게 관점을 바꾸는 훈련을 한 셈이다. 어릴 때부터 전자제품을 사게 되면 분해해서 안과 밖을 확인하는 습관을 가지고 있었다고 한다. 이렇게 사물과 현상에 대해 입체적인 관점에서 해석하는 훈련이 되어 있는 사람이라면 어느 분야에서 일을 하든 주도적인 역할을 하게 될 것이다. 남들이 보지 못하는 것을 볼 수 있기 때문이다.

바꾸는 것에 특별한 방법이 있는 것이 아니다. 첫째, 그냥 자연스럽게 전제를 바꾸고 또 바꾸는 훈련을 하는 것이다. 예를 들면, 일반

3장 홀리스틱 리더로 거듭나기 위한 조건을 갖춰라

적으로 대학교는 교수가 학생들을 가르치는 시스템으로 되어 있다. 그렇다면 이 전제를 엉뚱하게 바꿔보자. 학생들이 교수들을 가르치는 방식으로 전제를 바꾼다면 어떤 변화가 일어날까? 아마도 재미있는 일이 많이 일어날 것 같다. 교수들이 과제를 좀 줄여달라고 하지는 않을까? 전제를 바꿈으로 인하여 학교 전체 시스템이 달라질 수 있게 된다. 이렇듯 전제를 바꾸는데 있어서 새로운 답을 찾지 못해도 상관이 없다. 그렇게 바꿔본다는 자체가 훈련이 되기 때문에 언젠가는 습관화되는 과정에서 새로운 체험을 하게 될 것이다.

둘째, 만나는 사람을 다양하게 바꾸고 교류하는 것이다. 가급적이면 긍정적이고 진취적인 사람들과 만나는 것이 좋다. 그들은 늘 새로운 생각을 즐겨하기 때문이다. 인생을 살면서 어떤 사람들과 어울리느냐에 따라 삶의 방향이 달라지는 경우가 많다. 사람들은 각기 다른 직업과 생각을 가지고 살아간다. 다양한 사람들과 교류하면서 여러 생각을 공유하다 보면 선입견, 고정관념이 깨지는 경험을 하게 된다. 그렇다고 남의 정보가 무조건 옳고 내 생각은 틀리다는 판단을 해서는 안 된다. 또한 나의 생각을 기준으로 옳고 그름을 구분하는 것도 바람직하지 않다. 그런 사람들은 꼭 어떤 모임을 가더라도 편을 가르고 서로를 이간질 한다. 그렇게 편을 가르기보다는 '나도 옳고, 너도 옳다'라고 균형을 유지하면서 서로 다른 생각들을 연결하는 과정을 거쳐 '더 옳은 것'이 무엇인지를 찾아보는 자세가 중요하다.

그 외에도 여러 가지 방법이 있을 것이다. 즐겨 듣는 라디오의 채

널도 다른 것으로 바꿔보고, TV도 연속극만 보지 말고 다큐 프로그램으로 바꿔보기도 하는 등 생활 속에서 작은 것부터 바꾸다 보면 새롭게 보는 습관이 생길 것이다.

　대학시절에 친구 자취방에 놀러 간 적이 있었다. 그런데 친구의 방에서 특이한 광경을 목격했다. 책꽂이의 책들이 모두 거꾸로 꽂혀 있는 것이었다. 그래서 친구에게 왜 책을 거꾸로 꽂아 놓았는지를 물었다. 그때 친구가 똑바로 꽂아 놓으면 정신이 산만해진다고 해서 친구들이 한바탕 웃은 적이 있었다. 여러분도 한번쯤 거꾸로 바꿔보는 시도를 해보길 권한다.

　모 방송국 캠페인 주제가 '세상은 커다란 학교입니다'라고 한 것처럼 우리가 생활하는 가까운 곳에서 'BRICS 사고'를 실천해 볼 수 있는 기회가 많다. 더구나 디지털 기술발달로 스마트폰은 우리 생활에 깊숙이 자리 잡고 있다. 마음만 먹으면 언제 어디서든지 카메라를 켜고 사진을 찍고 저장할 수 있는 편한 세상이 되었다. 최근에는 셀카봉까지 나와서 혼자서도 자신의 모습을 자연스럽게 찍을 수도 있는 재미있는 세상이 되었다.

　우리가 사진을 찍는 목적은 소중한 순간을 기억하기 위한 것이다. 그러나 이제는 기억만이 아니라 풍부한 상상력을 키울 수 있는 도구로도 사용할 수 있다. 자식보다 애인보다 더 가까이 품고 다니는 것이 스마트폰인데, 그것을 단순한 생활에 편리한 도구로만 사용할 것이 아니라 자신의 인생을 바꿀 수 있는 도구로 활용한다면 멋지지 않을까?

스마트폰으로 사진을 찍어서 풍부한 상상력을 키우기 위한 훈련 방법을 함께 생각해 보자. 단지 방법을 생각하는 자체만으로 중요한 의미를 갖는다. 나는 스마트폰을 가지고 상상력을 키우며 즐기는 방법 여섯 가지 정도를 실행하고 있다.

첫째, 사진을 찍어서 거꾸로 뒤집어 보는 것이다. 그 느낌 자체를 즐긴다. 아무런 느낌이 들지 않아도 괜찮다. 일단 거꾸로 뒤집어 보려는 시도가 중요한 것이다. 뒤집어 놓고 풍부한 상상력을 마음껏 즐겨보는 것이다.

둘째, 줌으로 당겨서 가까이 찍고, 중간 거리로 찍고, 멀리 찍어서 비교해 보는 것이다. 멀리서 보게 되면 많은 것을 볼 수 있는 장점이 있지만 동시에 구체적으로 볼 수 없다는 단점도 있다. 마찬가지로 가까이서 보면 자세히 볼 수는 있지만 전체를 보는 것에는 한계가 있다. 때로는 인간관계 역시 멀리 떨어져 있을 필요가 있고, 가까이 다가가야 할 때도 있고, 적정한 선에서 기다림을 가져야 할 때도 있다. 비즈니스 협상을 할 때도 마찬가지이다.

셋째, 사진 속의 색채감을 느껴보는 것이다. 사진 한 장 속에는 다양한 컬러가 있다. 하나하나의 색채감을 느껴보는 것이다. 색은 서로 다를 뿐이다. 색은 하나의 컬러만으로도 가치를 발휘하지만, 다른 색깔과 어우러져 더욱 아름다운 가치를 뿜어내는 것이다. 본래 색의 3원색은 빨강, 노랑, 파랑이고, 빛의 3원색은 빨강, 초록, 파랑인데 이 3원색이 어울려 다양한 컬러를 창조해 내는 것이다. 그렇게 서로 다른 색채들이 모여 아름다운 세상을 표현하고 있다. 이처럼 서로 다른 색깔들이 균형을 유지하며 서로가 서로에게 흡수되어 새로운 색채감을 표현하듯이, 조직 내 인간관계와 업무에서도 서로가 융합하여 새로운 가치를 만들어 가는 계기가 될 수 있다.

넷째, 사진 속의 이미지를 보고 제목을 붙여 보는 것이다. 본인이 그린 그림이라고 생각하고 그림의 메시지를 담아낼 수 있는 제목을 붙여 본다. 그러고 나서 스토리를 짧게 만들어 보는데, 시를 써도 괜찮다. 멋진 작품을 기대하는 것은 아니다. 자유롭게 생각해 보는 것이 중요하다. 스마트폰에다 저장하거나 노트에 기록을 남겨 보자. 아니면 블로그를 만들어서 계속 추가해 나가는 방법도 있다. 이런 훈련을 통해 어느 순간 자신의 인생에 대한 정의를 내릴 수도 있을 뿐만 아니라 때론 조직의 문제를 해결할 수 있는 아이디어를 얻을 수도 있을 것이다.

다섯째, 현재 나의 감정 상태나 생각을 이미지와 연결해서 표현해 보는 것이다. 기쁘면 기쁜 대로, 슬프면 슬픈 대로, 기쁨을 슬픔으로, 슬픔을 기쁨으로 다양하게 표현을 해보는 방법이다. 예컨대, 미래에 대한 고민을 하고 있는 상황에서 계단 사진을 찍으며 이렇게 표현할 수도 있다. '아무리 높은 정상이라도 한 계단씩 올라가다 보면 정상이 나타날 거야. 힘내자. 나는 할 수 있다'라고 사진의 이미지를 보고 나의 감정 상태를 바꿔보는 것이다. 감정 상태가 우울하면 밝음으로 바꿔보고, 밝은 상태라면 더 밝게 바꿔보는 방법이다. 살다 보면 모든 환경이 나의 기분을 맞춰 줄 수는 없다. 내가 환경에 잘 적응해야 하는 경우가 더 많기 때문에 나의 감정 상태를 다양하게 표현해 보는

3장 홀리스틱 리더로 거듭나기 위한 조건을 갖춰라

훈련도 나쁘지는 않을 듯싶다. 이렇게 반복되는 훈련은 스스로 감정 상태를 조절하는 능력을 만들어 조직에서 리더십을 발휘하는데 긍정적인 영향을 미칠 수 있게 된다.

여섯째, 사진 속의 이미지에서 어두운 부분과 밝은 부분을 구분해 보고 그 경계선을 찾아보는 방법이다. 즉 음(-)과 양(+) 그리고 음양의 경계선(±)을 찾아 연결해 보는 방법이다. 빛이 있는 곳에서 찍은 사진은 반드시 음양이 있게 마련이다. 사람이 서 있는 사진이면 사람 근처에는 그림자가 있는 것처럼, 내가 찍은 사진 속에는 반드시 음과 양 그리고 경계선이 있다. 태양이 비추는 곳이라면 반드시 그림자가 있게 마련이다. 그런 다음 내 주변에서 물건이나 현상들을 관찰해 보는 것이다. 물건에는 안과 밖이 있고, 높고 낮음이 함께 어우러져 있음을 알 수 있을 것이다.

이상은 내가 스마트폰을 이용하여 상상력을 키우는 방법이지만 누구나 쉽게 따라할 수 있다. 이 방법에 대해서 무조건 따라하지 않아도 괜찮다. 적어도 이 글을 읽고 있는 사람이라면 최소한 지금까지 제시한 여섯 가지 방법을 보면서 여섯 번의 생각을 바꾸는 과정을 거쳤을 것이기 때문이다. 나는 그것으로 만족한다. 물고기를 잡아다 줄 수는 없다. 그러나 물고기를 잡는 방법을 알려주는 것이 지혜롭다고 믿기 때문이다.

'밑져야 본전인 일은 안하면 손해'라는 사실을 알고 있는지 모르겠다. 예를 들어, 오백 원짜리 동전을 던져서 새 그림이 나오면 일 억원의 현금으로 보상을 하고, 숫자가 나오면 아무런 보상이 없다는 조건으로 제의가 들어오면 어떻게 할 것인가? 당연히 제안을 받아들이는 게 마땅하다. 이처럼 내가 소개한 여섯 가지 방법을 들어 알고도 실행해 보지 않는다면 손해 아닌가?

다섯째, 보이지 않는 것을 보고, 새로운 창조를 즐겨라.

보이지 않는 것을 본다는 것은 내면의 본질을 꿰뚫어 본다는 의미로 본질을 제대로 이해하기 위해서는 해석학적 순환(hermeneutic circle)의 원리를 따라야 한다.

해석학적 순환이란 부분을 이해하기 위해서는 전체를 파악해야 하며, 반대로 전체를 이해하기 위해서는 부분을 파악해야 한다는 점을 강조한 것이다.

해석학(hermeneutic)은 그리스, 로마신화에 나오는 헤르메스(Hermes)의 이름으로부터 기원하는 단어이다. 헤르메스는 전령(傳令)으로서 '지옥과 천국'을 넘나들고 신들의 세계와 인간계를 넘나들듯이 모든 경계를 넘나드는 신을 말한다. 따라서 헤르메스적 사고란 보이는 것에만 국한하지 않고 사물의 내면에까지 담긴 힘을 읽고 해석하는 유연한 사고를 말하며, 적과 아군을 가르지 않고 평화와 화해를 이끌어 내는 생각을 말하는 것이다. 즉 헤르메스의 창조성은 사물에 내재되어 있는 잠재성을 읽고 그것을 끄집어 낼 수 있는 능력이며, 그것은 쉽게 사물의 경계를 가르지 않고 유연한 사고를 가질 때만이 가능한 것이다.

3장 홀리스틱 리더로 거듭나기 위한 조건을 갖춰라

'보이지 않는 것을 본다'는 의미를 이와 같이 서양철학으로 풀이할 수도 있으나 오래전 동양에서도 이미 규명한 바가 있다. 대학(大學)에 언급된 격물치지(格物致知)가 바로 그에 해당하는 말이다. '사물의 이치를 밝혀야 비로소 앎이 이루어진 것'이라는 뜻을 가진 말로, 사물의 현상을 투철하게 주시하고, 온 마음을 다해 그 사물의 본질과 원리를 탐구해 나가야 높은 지적 경지에 도달하게 된다는 것이다. 그때는 어떤 사물이든지 안과 밖, 그리고 부분과 전체의 내용과 상호 간의 관계도 깨닫게 된다고 밝혀 놓았다.

예를 들면, 식물의 본질을 이해하기 위해서는 지면 위로 보이는 부분만을 보고서는 식물의 전체를 이해할 수 없다. 땅 속에 묻혀 있는 뿌리도 식물 전체의 일부분이기 때문이다. 또한 식물이 정상적으로 자라기 위해서는 좋은 토양이 있어 영양분을 흡수하고, 광합성 등 여러 가지 보이지 않는 작용들을 하고 있다는 사실을 이해할 때 전체를 이해하는데 도움이 된다. 그리고 하나의 식물이 탄생하고 성장하는 모든 근원은 씨앗으로부터 시작되었다는 사실까지도 이해할 수 있어야 한다. 그 씨앗에는 식물의 부분과 전체를 결정할 수 있는 '종합설계도'가 이미 있었다는 원리를 이해할 때 비로소 전체를 알게 되는 것이다.

이처럼 보이는 것과 보이지 않는 것을 포함하여 전체를 아울러 보는 훈련을 반복할 때 사물과 현상의 본질을 꿰뚫어 볼 수 있는 통찰력을 키울 수 있다. 이렇게 평소 통찰력을 키우기 위해서는 'BRICS 사고'를 생활화해야 한다는 것을 강조하고 싶다. 왜냐하면 이는 곧 생활 속으로 연결되어 개인적으로나 조직 생활에서도 리더십을 발휘하는데 긍정적인 영향을 미칠 수 있기 때문이다. 그러한 리더들이 많아지는 조직과 사회는 밝은 세상을 꿈꾸는 우리들의 열망을 배신하지 않을 것이다.

3장 홀리스틱 리더로 거듭나기 위한 조건을 갖춰라

여섯, 홀리스틱 리더를 재생산하여 조직의 경쟁력을 키워라

조직의 경쟁력은 리더십이다. 하지만 리더십을 발휘한다고 모든 조직의 경쟁력이 커지는 것은 아니다. 리더십의 형태에 따라 다르기 때문이다. 예를 들어 손수레를 조직이라고 가정해 보자. 그 손수레에 조직의 비전과 목표가 실려 있다고 한다면 손수레를 이끌고 가는 형태와 방법에 따라 다른 결과가 나타날 수 있다는 말이다. 어떤 조직은 앞에서 리더 혼자 손수레를 끌어가고 나머지 사람들은 손수레에 매달려 가는 조직이 있을 수 있다. 이런 조직은 리더 개인의 능력만큼만 성장할 수밖에 없다는 특징이 있다. 그러나 리더 한 사람이 앞에서 수레를 끌고 다른 사람들은 뒤에서, 옆에서 밀면서 함께 가는 조직은 리더 혼자 이끌어 가는 조직보다는 훨씬 더 경쟁력이 커질 수 있다. 조직이 차별화된 경쟁력을 가지기 위해서는 혼자서 이끌어 가는 리더십보다는 협력을 통해 리더십을 발휘할 줄 아는 리더를 재생산 해야만 한다.

지금도 그렇지만 미래 사회에선 멀티플레이를 하는 사람이 경쟁력이 있다. 축구 경기를 보더라도 과거에는 포지션이 정해지면 주로 그 자리만 지키면서 경기를 해 왔다면, 현대 축구는 모든 선수가 공격과 수비를 자유자재로 할 수 있는 멀티플레이어로 거듭나고 있다. 이와 같이 과거보다 팀의 경쟁력이 강화되고 있다는 것을 확인할 수 있다. 조직도 마찬가지이다. 조직 구성원 모두가 멀티플레이어가 되어야 한다. 즉 홀리스틱 리더의 재생산을 통해 경쟁력을 키워야 한다는 것이다.

이렇게 말하면 혹자들은 리더는 아무나 하는 것이 아니라 리더의 기질은 타고난 것이라고 말하기도 한다. 그러나 내 생각은 좀 다르다. 리더는 그 기질을 타고난 사람들도 있지만, 대부분의 뛰어난 리더는 주어진 환경과 학습에 의해 개발된 사람들이다. 나 역시 그동안 살아온 과정 속에서 학창시절, 장교시절, 기업체, 사회적 활동 등에서 주어진 역할과 환경에 따라 리더십이 개발되어진다는 사실을 목격하고 경험하였다. 그 경험은 비판적 성찰과정을 통해 더 성숙한 리더로 성장하게 한다. 따라서 인간은 환경과 학습의지, 경험에 따라 리더십이 개발되어진다는 것이다.

중국의 진나라 2세 황제 때의 일이다. 변경의 수비를 위해 징발된 9백여 명의 젊은이들이 국경으로 가던 중 큰 비를 만나는 바람에 기한보다 늦게 도착하게 생겼다. 당시에는 기한 내 도착하지 못하면 목을 잘랐다.

3장 홀리스틱 리더로 거듭나기 위한 조건을 갖춰라

그들 중 진승(陳勝)과 오광(吳廣)이란 자가 있었는데 사람들을 모아놓고 이렇게 말했다. '어차피 죽을 바에는 반란을 일으키자. 살아 남는다면 더할 나위 없이 좋겠지만 죽더라도 이름은 남는다. 왕후장상(王候將相)에 종자가 따로 있다더냐? 그들도 인간이다. 각오하기에 따라서 우리도 왕후장상이 될 수 있는 좋은 기회가 아닌가?' 그 후 그들은 따로 무리를 규합하여 자립하고 승은 장군이 되고, 광은 도위(都尉)가 되었다.

'왕후장상의 종자가 따로 있다더냐?'는 여기서 비롯된 유명한 말로, 인간의 자질과 재능에는 유전적인 요소보다 후천적인 노력이 발전을 꾀하고 스스로의 운명을 바꿔 리더가 되게 한다는 의미로 지금껏 쓰이고 있다.

현대 사회에선 과거에 비해 자수성가한 사람들, 사회적으로 성공한 여성들, 벤처사업으로 성공한 젊은 사업가 등이 많아지며 과거에 비해서는 출신성분과 성별에 제약받지 않고 성장 기회가 많아졌다. 이는 타고난 신분보다 살아가는 과정에서 학습되어지는 것이 더 중요한 것임을 알려 주는 사실이다. 즉 '운명은 정해져 있는 것이 아니라 개척하는 것'이라는 말처럼, 리더로서 타고난 기질이 없다고 생각하는 사람들도 자신의 의지와 학습에 의해 리더십 개발이 가능하다는 것이다. 이렇게 리더 또는 리더십은 개발이 가능하다고 강조하는 또 다른 이유가 두 가지 있다.

첫 번째, 인간은 무한 잠재력을 가지고 있기 때문이다. 즉 지극히 정상적이고 평범한 사람들인 조직 구성원들 모두는 각자 무한 잠재력을 가지고 있다는 것이다. 그 잠재력을 깨우지 못한다는 것은 조직의 잠재적인 경쟁력을 활용하지 못하게 됨을 의미한다. 이를 뒤집어 생각하면 곧 모든 구성원들은 리더가 될 수 있는 자질을 다 가지고 있다는 말이기도 하다.

여러분은 스스로 자신의 잠재력을 인정하고 있는가? 아니 지금까지 살면서 자신의 잠재력을 경험해 본 적이 있는가? 그도 아니면 다른 사람들의 잠재능력을 부러워하며 저 사람들은 특별한 인간이라고 자신의 무능력을 한탄하고 자격지심의 늪에 빠져 살아가고 있지는 않은가? 혹시 한번도 자신의 잠재능력을 경험해 보지 못한 사람이라면, 지금까지 인생을 살면서 한번도 어떤 일에 미쳐본 경험이 없기 때문이 아닐까?

잠재능력은 간절한 목표를 가지고 그 일에 몰입할 때 나타나는 것이다. 간절함은 새로운 '나'를 발견하게 한다. 그런 간절함은 내면의 잠재능력을 일깨워 인간의 위대함을 증명하게 한다. 나는 자신의 잠재력을 믿는다. 그래서 스스로 삶의 비전을 세우고 그 비전을 성취하기 위한 조건을 분석하고 그 능력을 갖추기 위해 몰입한다. 요구되는 조건이 신체적이든, 정신적이든, 학문적인 것이든 갖추기 위해 노력한다. 즉 나의 잠재능력을 믿기에 가능한 일이다. 내 경우 학창시절 나의 잠재력을 믿게 한 사건(?)이 지금까지 인생에 자신감을 가지고 살게 하는 원동력이 되고 있다.

3장 홀리스틱 리더로 거듭나기 위한 조건을 갖춰라

고등학교 2학년 때의 일이었다. 학교에는 마라톤 육상부가 있었다. 그 중에서 3학년 선배 한 명이 언제나 잘난 척하고 후배들을 무시했다. 다른 사람과 마찬가지로 나도 그 선배가 미웠다. 물론 그 선배는 마라톤에서 단연코 최고의 실력을 가지고 있었다.

어느 날 학교에서 한 달 뒤에 교내 마라톤 대회를 한다고 발표했다. 나는 문득 그 얄미운 선배의 코를 납작하게 해줘야겠다는 생각이 들었다. 어릴 때부터 태권도를 해왔기에 체력은 그다지 나쁜 편은 아니었다. 결심한 날부터 달리기 훈련을 시작했다.

폼 나게 달려서 보기 좋게 선배를 이겨 보려는 마음에 어머니에게 유니폼과 운동화를 사 달라고 졸랐다. 간절한 마음으로 '엄마, 정말 1등 할 테니까 제발요'라고 계속 외쳤다. 어머니는 나의 간절함을 느끼셨는지 결국은 어려운 형편이었지만 유니폼과 운동화를 사 주셨다.

드디어 경기가 시작되었다. 나는 반바지와 러닝셔츠 그리고 새 신발을 신고 당당히 마음에 준비를 하고 출발선에 섰다. 교단을 바라보고 왼쪽부터 1학년, 2학년, 3학년 순으로 줄을 섰다. 출발해서 나가는 교문은 3학년 선배들 옆에 있었다. 나는 몰래 3학년 맨 끝에 가서 서 있었다. 그 얄미운 선배는 나를 전혀 의식하지 않은 당당한 모습이었다. 드디어 땅! 하는 체육선생님의 출발신호가 울렸다.

나는 빠르게 교문을 향해 달려 나갔다. 그런데 이게 무슨 일인가. 교문에서 사고가 난 것이다. 좁은 교문을 서로 빠져 나가려다가 3학년 선배 한 명이 넘어졌는데 사람들이 모르고 계속 그 선배를 밟고 지나갔다. 그런데 넘어진 선배 위에 내가 넘어진 것이었다. 나중에 알았지만 그는 기절했고 내가 아니었으면 생명도 위험할 뻔했다. 어찌되었든 내가 그 선배를 살린 셈이다.

내가 일어나려고 하면 다음 사람이 밟고 또 밟고 계속해서 등을 밟고 가면서 시간이 흘렀다. 나중에는 내 뒤에 아무도 없었다. 난 그렇게 졸지에 꼴찌가 되었지만 무의식적으로 달려 나갔다. 시내 중심 사거리를 달리는데 어제 어머니가 사준 신발 한 짝이 없어져 절뚝거리면서 뛰고 있는 나를 발견했다. 나는 그 자리에서 주저앉아 억울해서 울고 말았다. 더구나 구경 나온 많은 사람들이 나를 비웃는 것 같았다.

그 순간 어머니의 모습이 보였다. 어머니도 구경 나오신 것이다. 나는 정신이 번쩍 들었다. 어제 1등한다고 그렇게 큰 소리를 쳤는데, 아찔한 생각이 들었다. 그때였다. 시내 끝자락 모퉁이를 돌아가는 마지막 한 명이 눈에 들어온 것이다. 순간 나는 오기가 치밀어 올랐다. 나는 나머지 신발 한 짝을 벗어 던지고 맨발로 아스팔트길을 달리기 시작했다. 사람들이 박수를 보냈다. 나는 달리고 또 달렸다. 교문에서 넘어져 피가 나 정강이를 붉게 물들인 것조차 모르고, 발바닥이 어떻게 되어 가는지도 모른 채 맨발로 앞만 보고 달렸다.

선배 생각은 사라지고 어머니와의 약속을 지키고 내 자존심을 찾기 위한 생각뿐이었다. 나는 호흡을 조절하며 생각했다. '지금부터 내 앞에 뛰고 있는 단 한 명을 목표로 뛰고 또 뛰는 거야' 그리고 또 한 명 또 한 명 나는 멈추지 않았다. 중간에 물을 주면서 격려해 주시

3장 홀리스틱 리더로 거듭나기 위한 조건을 갖춰라

는 선생님들도 맨발로 뛰고 있는 나를 보고 미쳤다고 했다. 그때 나는 완전히 미쳤었다. 그렇게 골인지점을 향해 한참을 달렸다. 드디어 저 멀리 학교 교문이 보이면서 나는 끝까지 최선을 다해 무조건 앞에 한 명 또 앞에 한 명을 목표로 달렸다. 골인지점을 통과하는데 교장선생님을 비롯하여 여러 선생님들이 박수로 환영했다. 그리고 운동장 한 바퀴를 돌고 기절했다.

깨어보니 양호실에 누워 있었고 눈을 뜨는 순간부터 통증이 오기 시작했다. 무릎과 발바닥에 난리가 난 상태였다. 나는 옆에 계신 담임선생님에게 물었다. '선생님, 제가 몇 등 했어요?' 허허 웃으시면서 선생님은 '이 미련한 놈아. 너 7등이야 자식아. 그 상태로 어떻게 맨발로 뛰냐. 이 미련한 놈아'라고 말씀하신 기억이 생생하다.

그 다음 주 아침 조회시간에 시상식이 있었는데 원래 7등은 상장과 상품이 없었는데 '노력상'이라는 이름으로 상장과 상품을 받았다. 비록 1등을 못해서 선배의 콧대를 꺾진 못했고, 어머니와의 약속도 못 지켰지만 최선을 다한 나 자신에게 스스로 박수를 보냈다. 꼴찌였던 내가 바로 내 앞의 한 명을 보고 오기를 품고 도전하지 않았다면 내 인생에서 그런 드라마틱한 경험은 없었을 것이고, 모든 일에 환경을 탓하며 쉽게 포기해 버리는 사람이 되었을지도 모른다.

두 번째, 인간은 자연의 법칙을 따르지 않는 인간만의 내부에 고유한 것을 가지고 있다는 점이다. 바로 '자유의지'라는 것이다. 자유의지는 주인인 여러분이 둘 중 하나를 선택하여 긍정을 명령하면 긍정의 방향으로, 부정을 명령하면 부정의 방향으로 생각과 행동이 표현되도록 한다. 자유의지는 긍정과 부정의 양쪽 모두를 포용하는 명령을 하면 그대로 따르게 된다. 또한 양쪽을 부정하여 긍정 속에 부정을, 부정 속에 긍정을 반복하라는 명령을 내리면 그대로 따르게 되는 능력을 인간 누구나 가지고 있다. 다시 말하면 인간은 누구나 'BRICS 사고'를 할 수 있는 능력을 가지고 있다는 것이다. 그것이야말로 인간만이 가질 수 있는 특권이다.

동물들은 자유의지가 없다. 본능대로 살아가기 때문에 스스로 목숨을 끊을 수도 없다. 그러나 인간은 다르다. 인간은 모든 것을 선택할 수 있는 자유의지를 가지고 있다. 그래서 인간이 어떤 환경에서, 어떤 교육과정을 통해서, 어떻게 생각하는 방법을 훈련해 왔는가는 매우 중요한 문제가 아닐 수 없다.

물살이 센 계곡에 배 한 척을 띄워놓으면 자연의 법칙에 의해 배의 운명은 높은 곳에서 낮은 곳으로, 정해진 운명대로 흘러가는 법이다. 생명력이 없는 배의 운명은 정해진 것이다. 흘러가다 바위가 나타나면 있는 그대로 정면충돌해서 파손되기도 하고 물결이 잔잔한 곳에 이르면 한참을 떠 있다가 서서히 물결이 흐르는 대로 또 떠내려간다. 한참을 내려가다 물결의 방향이 바뀌면 애써 노력하지 않고도 배는 부서진 채로 다시 흘러 간다. 배는 스스로 할 수 있는 일이 이 주어진 운명을 받아들일 수밖에 없는 것이다. 결과를 의식하지 못한 채, 얼마나 부서지는지, 가다가 뒤집혀 물속에 가라앉든지 상관없이 그저 주어진 운명 앞에 모든 것을 맡기는 것이다. 그게 배

3장 홀리스틱 리더로 거듭나기 위한 조건을 갖춰라

의 운명이다.

배의 운명처럼 사람의 운명도 같다면 얼마나 슬플까? 아무런 의지 없이 살아갈 수밖에 없는 배의 운명을 바꿔놓을 방법은 없는 걸까? 당신이 용기 내어 배에 올라타서 힘껏 노를 저어 보라. 당신 때문에 배의 운명은 달라질 수 있다.

당신이 양손으로 노를 잡고 저어라, 동쪽으로 가고 싶으면 동쪽으로 힘껏 노를 저어라. 배는 동쪽으로 움직일 것이고, 당신의 운명도 역시 동쪽으로 가며 만들어질 것이다. 서쪽으로 가고 싶으면 서쪽으로 노를 힘껏 저어라. 그러면 배의 운명도, 당신의 운명도 서쪽으로 만들어질 것이다. 이제는 물이 흐르는 방향과는 반대로 거꾸로 올라가보라. 배의 운명으론 절대로 할 수 없는 일을 당신의 의지로 거꾸로 오르며 새로운 운명을 만들게 될 것이다. 그리고 또다시 자신이 원하는 방향으로 힘껏 노를 저어라. 그러면 당신은 배와 함께 놀라운 성취감을 느끼며 이제는 내가 생각한 대로 인생을 만들어 갈 수 있다는 삶의 지혜를 얻게 될 것이다. 배는 생각을 할 수 있는 능력이 없다. 그러나 인간은 자유의지를 내 마음대로 발휘할 수 있는 능력을 신으로부터 부여받은 것이다.

이렇듯 인간은 리더의 기질을 모두 타고난 것이라고 해도 잘못된 주장이 아니다. 때문에 어느 조직이든 이미 인간의 무한 잠재력과 자유의지를 개발할 수 있는 자원이 있기에, 리더 개발을 통해 개인과 조직의 경쟁력을 키워나갈 수 있는 것이다. 따라서 구성원들의 잠재력을 깨워 리더의 재생산에 힘써야 한다.

홀리스틱 리더를 재생산하기 위해서는 세 가지의 기본 원칙을 실천해야 한다. 첫째, 리더 자신부터 앞서 언급한 홀리스틱 리더가 되기 위한 조건 다섯 가지를 본보이는 것이다. 자식이 부모의 행동을 보고 닮아 가듯이, 조직에서 리더의 재생산은 리더의 행동을 통해 복제가 된다. 리더 한 명의 본보임이 조직 전체를 바꿀 수 있기 때문에 리더에게는 반드시 사명의식이 요구된다.

둘째, 알려주고, 시켜보는 것이다. 조직에서 신입사원이 들어오게 되면 OJT(One the job training) 제도를 통해 업무적응 차원에서 교육을 시키는 것처럼, 리더의 재생산도 역시 체계적인 프로그램 절차에 따라 진행될 때 리더십이 제대로 복제가 되어 가능한 것이다. 물론 리더십에 대한 이론적 지식습득과 현장 업무 경험을 겸비한 학습이 동시에 이루어질 때 본격적인 리더십 개발이 가능해질 수 있다.

셋째, 권한위임을 통해 책임감을 부여하는 것이다. 그리고 칭찬과 격려를 통해 자부심을 가질 수 있게 돕는 것이다. 권한위임은 주인의식을 갖게 하여 개인의 능력을 스스로 이끌어 내게 한다. 결국 리더 개발은 권한 위임으로 완성되어 가는 것이다.

이와 같이 홀리스틱 리더십은 조직을 구성하고 있는 개개인의 능력을 개발함으로써, 개인이 조직 전체의 일부분에서 역할을 다하고, 개인과 개인의 영향력을 확장시켜 조직 전체를 위한 리더십을 발휘하여 조직의 경쟁력을 키워 갈 수 있게 된다.

3장 홀리스틱 리더로 거듭나기 위한 조건을 갖춰라

　하루를 미루면 일주일을 미루게 되고, 한 달을 미루고 일 년을 미루게 된다. 리더가 아무리 훌륭한 계획을 세우고 있더라도 행동 없이 새로운 변화를 기대할 수는 없다. 즉 어제와 똑같은 행동을 하면서 새로운 내일을 바라는 것은 어불성설이다. 이는 새로운 행동의 작은 실천이 조직의 새로운 혁신이 시작된다는 것을 명심하라. 조직의 모든 구성원들이 홀리스틱 리더가 되기 위한 여섯 가지 조건을 갖추기 위해 30일 동안 실천할 수 있는 행동 계획을 각각 3가지씩 세우고 실천할 것을 추천한다.

　예를 들어 조직원들의 몸·마음·정신적 균형감각을 회복시키기 위해 '하루일과 중 점심시간 후 30분 동안 음악과 함께 산책을 할 수 있는 시간을 정해 준다'. 또한 조직과 개인의 비전을 융합하여 공동체 의식을 고취시키기 위해 지금 당장 30일 이내 '비전공동체 교육 프로그램을 만들어 전 직원 워크숍을 계획하는 것' 등의 구체적인 실천 계획을 세우는 것이다.

● 조직원들의 몸·마음·정신적 균형감각을 회복시키기 위한
〈30일, Three Action Change 프로젝트〉

행동 강령	30일, Three Action Change 프로젝트	중기 프로젝트	장기 프로젝트
1			
2			
3			

● 조직과 개인의 비전을 융합하여 공동체 의식을 고취시키기 위한 〈30일, Three Action Change 프로젝트〉

행동 강령	30일, Three Action Change 프로젝트	중기 프로젝트	장기 프로젝트
1			
2			
3			

● 실종된 도덕적 양심을 찾아 조직의 품격을 높이기 위한 〈30일, Three Action Change 프로젝트〉

행동 강령	30일, Three Action Change 프로젝트	중기 프로젝트	장기 프로젝트
1			
2			
3			

3장 홀리스틱 리더로 거듭나기 위한 조건을 갖춰라

● 감정과 이성의 균형을 찾아 타인과의 관계를 승화시키기 위한 〈30일, Three Action Change 프로젝트〉

행동 강령	30일, Three Action Change 프로젝트	중기 프로젝트	장기 프로젝트
1			
2			
3			

● 사물과 현상을 꿰뚫어 보는 지혜의 '눈'을 즐기기 위한 〈30일, Three Action Change 프로젝트〉

행동 강령	30일, Three Action Change 프로젝트	중기 프로젝트	장기 프로젝트
1			
2			
3			

● 조직 구성원들을 홀리스틱 리더로 재생산하기 위한 〈30일, Three Action Change 프로젝트〉

행동 강령	30일, Three Action Change 프로젝트	중기 프로젝트	장기 프로젝트
1			
2			
3			

3장 홀리스틱 리더로 거듭나기 위한 조건을 갖춰라

조직의 발전과 개인의 비전 달성을 돕는 줄탁동시가 되었으면……

이 책은 비록 나 한 사람의 작은 생각일 수 있겠지만, 최근 인문학의 열풍이 불고 있는 가운데 홀리스틱 리더십이 조직의 혁신적인 변화와 더불어 개인의 삶의 질을 높이고, 밝은 세상을 꿈꾸는 사람들에게 줄탁동시(啐啄同時), 즉 부화기에 이른 알속의 병아리가 안에서 알을 쪼는 줄(啐), 어미닭이 밖에서 알을 쪼는 탁(啄)이 동시에 일어나 성공적인 부화를 돕는 것과 같은 역할을 했으면 한다. 부디 책의 내용 중 단 한 문장, 한 단어라도 누군가의 마음에 불씨가 되어 주변 사람들의 마음을 노크해서 긍정적이고 건강한 욕구로 가득찬 사회, 서로의 인격을 존중하는 사회, 생동감 넘치는 사회, 그래서 살맛나는 사회를 건설할 날이 하루빨리 오기를 진심으로 희망한다.

살면서 가장 위대한 일은 모두를 위해 가치 있고 희망찬 밝은 세상을 만드는 일에 기여하는 것이라고 생각한다. 나의 인생사명은 '지구촌 모든 사람들에게 비전 있는 삶의 기회를 제공하는 것'이다. 강연과 책을 통해서 개인, 가정, 조직에 비전을 심어주는 일이 내가 세상을 살아가는 이유이다. 나는 나의 사명이 흔들리지 않게 명함 뒤에 새겨서 많은 사람들에게 보여주고 있다. 나도 인간인지라 때로는 마음이 흔들릴 때가 있기 때문에 사명을 이루고자 하는 강한 신념을 스스로 다잡기 위한 노력이다. 이제는 어느 정도 체화되었을 정도로 훈련된 것 같다. 지금까지 많은 경험 속에서 실패와 도전을 반복해 왔고, 부족한 부분은 학문을 통해 채우고 실천하기를 반복하면서 부족하지만 나름대로의 통찰력, 혜안을 모두 동원하여 정리하고 글을 쓰고자 했다.

끝으로, 각자의 자기 자리에서 밝은 세상을 만들기 위해 'BRICS 사고'를 실천할 때 비로소 우리 모두의 행복이 앞당겨질 것이라 확신한다. 정치가는 정치에서, 교육자는 교정에서, 사업가는 기업현장에서, 직장인은 직장에서 각자가 맡은 역할을 사명의식을 가지고 최선을 다한다면 대립과 갈등이 줄어드는 세상이 올 것이다. 최근 사회적으로 우울하고 답답한 분위기가 계속되고 있다. 이제 희망의 불씨를 피워보자. 다른 사람이 불씨를 피우기를 기다리는 대신 나부터 희망의 불씨를 피어보면 어떨까?

에필로그

■ 참고문헌

김길수. ≪꿈쟁이 빵쟁이≫. 에세이 퍼블리싱. 2009.

박석 지음. ≪박석 교수의 명상길라잡이≫. 도솔. 2003.

박성익 지음. ≪학문간 대화를 통한 홀리스틱 교육의 성찰과 비전≫. 한국홀리스틱 교육학회.
   2003.

법륜 지음. ≪깨달음≫. 정토출판. 2012.

송민영 지음. ≪홀리스틱 교육사상≫. 학지사. 2006.

유기웅 · 정종원 · 김영석 · 김한별 지음. ≪질적 연구방법의 이해≫. 박영사. 2013.

은정희 지음. ≪대승기신론≫. 일지사. 1991.

이건희 지음. ≪생각 좀 하며 세상을 보자≫. 동아일보사. 1997.

임광운 지음. ≪사고치자≫. 샘소딩 북스. 2006.

정태혁 지음. ≪명상의 세계≫. 정신세계사. 2004.

최동환 지음. ≪366사≫. 지혜의 나무. 2007.

조영달 지음. ≪제도공간의 질적 연구 방법론≫. 교육과학사. 2005.

Goleman, D. 지음. 장석훈 편저. ≪감성리더십≫. 청림출판. 2003.

Gardner, H. 지음. 문용림 · 유경재 역. ≪다중지능(Multiple intelligences.≫. 웅진지식하우스.
   2007.

Heffernan, M. 지음. 김성훈 역. ≪경쟁의 배신(A Bigger Prize≫. 알에이치코리아. 2014.

Miller, J. P. 지음, ≪The holistic curriculum.≫. Toronto, ON: OISE Press. 1996.

Miller, J. P. 지음. 김현재 역. ≪홀리스틱 교육과정≫. 책사랑. 2002.

김길수 지음. ≪성인학습인의 태권도 수련체험을 통한 홀리스틱 리더십 개발 과정≫. 박사학위
   논문. 숭실대학교 대학원. 2015.

김명희 지음. ≪실과교육과정의 목표와 내용에 대한 홀리스틱 교육의 관련성 분석≫. 석사학위
   논문. 한국교원대학교. 2003.

이경미 지음. ≪신라 화랑도 체육교육의 전인교육적 의미≫. 석사학위논문. 경성대학교 교육대
   학원. 2009.

이승호 지음. ≪韓國仙道 小考≫. 미간행 석사학위논문, 국제 평화 대학원, 2005.

임원빈 지음. 〈동양무도의 정체성 찾기〉, 한국체육철학학회 하계학술대회 논문집, 2005.

김한수. 〈갈등사회의 큰 울림〉. 조선일보, p. A5. 2014.

김희선. 〈'나' 혼자라는 생각, 얼마나 자주하나?〉. 시사연합신문. 2013.

오정윤. ≪인문학이란 무엇인가?≫. http://blog.daum.net/jsdoh7/12819589.

Apps, J. W. ≪Leadership for the emerging age. Transforming practice in adult continuing
   education≫. San Francisco : Jossey-Bass Publishers. 1994.

Brown, L. M., & Posner, B. Z, 〈Exploring the Relationship between Learning and Leadership.
   The Leadership & Organizational Development Journal.〉22(6). 274-280. 2001.

Herzberg, F. P., Mausner, & Snyderman, he Motivation To Work. New York: Wiley, 1959.

Quinn, R. E. Beyond Management: Mastering the Paradoxes and Competing Demands of High
   Performance. San Francisco, CA: Jossey-Bass, 1988.

가림출판사 · 가림 M & B · 가림 Let's에서 나온 책들

건강도 키우고 성적도 올리는 자녀 건강
김진돈 지음 | 신국판 | 304쪽 | 12,000원
알기 쉬운 간질환 119
이관식 지음 | 신국판 | 264쪽 | 11,000원
밥으로 병을 고친다
허봉수 지음 | 대국전판 | 352쪽 | 13,500원
알기 쉬운 신장병 119
김형규 지음 | 신국판 | 240쪽 | 10,000원
마음의 감기 치료법 우울증 119
이민수 지음 | 대국전판 | 232쪽 | 9,800원
관절염 119
송영욱 지음 | 대국전판 | 224쪽 | 9,800원
내 딸을 위한 미성년 클리닉
강병문 · 이향아 · 최정원 지음 | 국판
148쪽 | 8,000원
암을 다스리는 기적의 치유법
케이 세이헤이 감수 | 카와키 나리카즈 지음
민봉수 옮김 | 신국판 | 256쪽 | 9,000원
스트레스 다스리기 대한불안장애학회
스트레스관리연구특별위원회 지음
신국판 | 304쪽 | 12,000원
천연 식초 건강법
건강식품연구회 엮음
신재용(해성한의원 원장) 감수
신국판 | 252쪽 | 9,000원
암에 대한 모든 것
서울아산병원 암센터 지음
신국판 | 360쪽 | 13,000원
알록달록 컬러 다이어트
이승남 지음 | 국판 | 248쪽 | 10,000원
불임부부의 희망 당신도 부모가 될 수 있다
정병준 지음 | 신국판 | 268쪽 | 9,500원
키 10cm 더 크는 키네스 성장법
김양수 · 이종균 · 최형규 · 표재환 · 김문희 지음
대국전판 | 312쪽 | 12,000원
당뇨병 백과
이현철 · 송영득 · 안철우 지음
4×6배판 변형 | 396쪽 | 16,000원
호흡기 클리닉 119
박성학 지음 | 신국판 | 256쪽 | 10,000원
키 쑥쑥 크는 롱다리 만들기
롱다리 성장클리닉 원장단 지음
대국전판 | 256쪽 | 11,000원
내 몸을 살리는 건강식품
백은희 지음 | 신국판 | 384쪽 | 12,000원
내 몸에 맞는 운동과 건강
하철수 지음 | 신국판 | 264쪽 | 11,000원
알기 쉬운 척추 질환 119
김수연 지음 | 신국판 변형 | 240쪽 | 11,000원
베스트 닥터 박승정 교수팀의
심장병 예방과 치료
박승정 외 5인 지음 | 신국판 | 264쪽 | 10,500원
암 전이 재발을 막아주는 한방 신치료 전략
조종관 · 유화승 지음 | 신국판 | 308쪽 |
12,000원
식탁 위의 위대한 혁명 사계절 웰빙 식품
김진돈 지음 | 신국판 | 284쪽 | 12,000원
우리 가족 건강을 위한 신종플루 대처법
우준희 · 김태형 · 정진원 지음
신국판 변형 | 172쪽 | 8,500원
스트레스가 내 몸을 살린다
대한불안의학회 스트레스관리특별위원회 지음
신국판 | 296쪽 | 13,000원
수술하지 않고도 나도 예뻐질 수 있다
김경모 지음 | 신국판 | 144쪽 | 9,000원

심장병 119
서울아산병원 심장병원 박승정 박사 지음
신국판 | 292쪽 | 13,000원
키 10cm 더 크는 비결
김양수 外 4인 지음
4×6배판 올컬러 | 260쪽 | 15,000원

교 육

우리 교육의 창조적 백색혁명
원상기 지음 | 신국판 | 206쪽 | 6,000원
현대생활과 체육
조charrette남 외 5명 공저 | 신국판 | 340쪽 | 10,000원
퍼펙트 MBA
IAE유학네트 지음 | 신국판 | 400쪽 | 12,000원
유학길라잡이 I - 미국편
IAE유학네트 지음 | 4×6배판 | 372쪽 | 13,900원
유학길라잡이 II - 4개국편
IAE유학네트 지음 | 4×6배판 | 348쪽 | 13,900원
조기유학길라잡이.com
IAE유학네트 지음 | 4×6배판 | 428쪽 | 15,000원
현대인의 건강생활
박상호 외 5명 공저 | 4×6배판 | 268쪽 | 15,000원
천재아이로 키우는 두뇌훈련
나카마츠 요시로 지음 | 민병수 옮김
국판 | 288쪽 | 9,500원
두뇌혁명
나카마츠 요시로 지음 | 민병수 옮김
4×6판 양장본 | 288쪽 | 12,000원
테마별 고사성어로 익히는 한자
김경익 지음 | 4×6배판 변형 | 248쪽 | 9,800원
生생공부비법
이ంద는승 지음 | 대국전판 | 272쪽 | 9,500원
자녀를 성공시키는 습관만들기
배은경 지음 | 대국전판 | 232쪽 | 9,500원
한자능력검정시험 1급
한자능력검정시험연구위원회 편저
4×6배판 | 568쪽 | 21,000원
한자능력검정시험 2급
한자능력검정시험연구위원회 편저
4×6배판 | 472쪽 | 18,000원
한자능력검정시험 3급(3급II)
한자능력검정시험연구위원회 편저
4×6배판 | 488쪽 | 15,000원
한자능력검정시험 4급(4급II)
한자능력검정시험연구위원회 편저
4×6배판 | 352쪽 | 15,000원
한자능력검정시험 5급
한자능력검정시험연구위원회 편저
4×6배판 | 264쪽 | 11,000원
한자능력검정시험 6급
한자능력검정시험연구위원회 편저
4×6배판 | 168쪽 | 8,500원
한자능력검정시험 7급
한자능력검정시험연구위원회 편저
4×6배판 | 152쪽 | 7,000원
한자능력검정시험 8급
한자능력검정시험연구위원회 편저
4×6배판 | 112쪽 | 6,000원
볼링의 이론과 실기
이택상 지음 | 신국판 | 192쪽 | 9,000원
고사성어로 끝내는 천자문
조준상 글 · 그림 | 4×6배판 | 216쪽 | 12,000원
내 아이 스타 만들기
김민성 지음 | 신국판 | 200쪽 | 9,000원

교육 1번지 강남 엄마들의 수험생 자녀 관리
황송주 지음 | 신국판 | 288쪽 | 9,500원
초등학생이 꼭 알아야 할 위대한 역사 상식
우진영 · 이양경 지음 | 4×6판변형
228쪽 | 9,500원
초등학생이 꼭 알아야 할 행복한 경제 상식
우진영 · 전선심 지음 | 4×6판변형
224쪽 | 9,500원
초등학생이 꼭 알아야 할 재미있는 과학상식
우진영 · 정경희 지음 | 4×6판변형
220쪽 | 9,500원
한자능력검정시험 3급 · 3급 II
한자능력검정시험연구위원회 편저
4×6판 | 380쪽 | 7,500원
교과서 속에 꼭꼭 숨어있는 이색박물관 체험
이신화 지음 | 대국전판 | 248쪽 | 12,000원
초등학생 독서 논술(저학년)
책마루 독서교육연구회 지음 | 4×6판 변형
244쪽 | 14,000원
초등학생 독서 논술(고학년)
책마루 독서교육연구회 지음 | 4×6판 변형
236쪽 | 14,000원
놀면서 배우는 경제
김솔 지음 | 대국전판 | 196쪽 | 10,000원
건강생활과 레저스포츠 즐기기
강선희 외 11명 공저 | 4×6배판 | 324쪽 | 18,000원
아이의 미래를 바꿔주는 좋은 습관
배은경 지음 | 신국판 | 216쪽 | 9,500원
다중지능 아이의 미래를 바꾼다
이소영 외 6인 지음 | 신국판 | 232쪽 | 11,000원
체육학 자연과학 및 사회과학 분야의 석 ·
박사 학위 논문, 학술진흥재단
등재지, 등재후보지와 관련된 학회지 논문
작성법
하철수 · 김봉경 지음 | 신국판 | 336쪽 | 15,000원
공부가 제일 쉬운 공부 달인 되기
이은승 지음 | 신국판 | 256쪽 | 10,000원
글로벌 리더가 되려면 영어부터 정복하라
서재희 지음 | 신국판 | 276쪽 | 11,500원
중국현대30년사
정재일 지음 | 신국판 | 364쪽 | 20,000원
생활호신술 및 성폭력의 유형과 예방
신현무 지음 | 신국판 | 228쪽 | 13,000원
글로벌 리더가 되는 최강 속독법
권혁찬 지음 | 신국판 변형 | 336쪽 | 15,000원
디지털 시대의 여가 및 레크리에이션
박세혁 지음 | 4×6배판 양장 | 404쪽 | 30,000원

취미 · 실용

김진국과 같이 배우는 와인의 세계
김진국 지음 | 국배판 변형양장본(올 컬러판)
208쪽 | 30,000원
배스낚시 테크닉
이종건 지음 | 4×6배판 | 440쪽 | 20,000원
나도 디지털 전문가 될 수 있다
이승훈 지음 | 4×6배판 | 320쪽 | 19,200원
건강하고 아름다운 동양란 기르기
난마을 지음 | 4×6배판 변형 | 184쪽 | 12,000원
애완견114
황양원 엮음 | 4×6배판 변형 | 228쪽 | 13,000원

억대 연봉 증권맨이 말하는 슈퍼 개미의 수
익나는 원리
임정규 지음 | 신국판 | 248쪽 | 12,500원
주식 탈무드
윤순숙 지음 | 신국판양장 | 240쪽 | 15,000원

역 학

역리종합 만세력
정도명 편저 | 신국판 | 532쪽 | 10,500원
작명대전
정보국 지음 | 신국판 | 460쪽 | 12,000원
하락이수 해설
이천교 편저 | 신국판 | 620쪽 | 27,000원
현대인의 창조적 관상과 수상
백운산 지음 | 신국판 | 344쪽 | 9,000원
대운용신영부적
정재원 지음 | 신국판 양장본 | 750쪽 | 39,000원
사주비결활용법
이세진 지음 | 신국판 | 392쪽 | 12,000원
컴퓨터시대를 위한 新 성명학대전
박용찬 지음 | 신국판 | 388쪽 | 11,000원
길흉화복 꿈풀이 비법
백운산 지음 | 신국판 | 410쪽 | 12,000원
새천년 작명컨설팅
정재원 지음 | 신국판 | 492쪽 | 13,900원
백운산의 신세대 궁합
백운산 지음 | 신국판 | 304쪽 | 9,500원
동자삼 작명학
남시모 지음 | 신국판 | 496쪽 | 15,000원
소울음소리
이건우 지음 | 신국판 | 314쪽 | 10,000원
알기 쉬운 명리학 총론
고순택 지음 | 신국판 양장본 | 652쪽 | 35,000원
대운명
정재원 지음 | 신국판 | 708쪽 | 23,200원

법률일반

여성을 위한 성범죄 법률상식
조명원(변호사) 지음 | 신국판 | 248쪽 | 8,000원
아파트 난방비 75% 절감방법
고영근 지음 | 신국판 | 238쪽 | 8,000원
일반인이 꼭 알아야 할 절세전략 173선
최성호(공인회계사) 지음 | 신국판
392쪽 | 12,000원
변호사와 함께하는 부동산 경매
최환주(변호사) 지음 | 신국판 | 404쪽 | 13,000원
혼자서 쉽고 빠르게 할 수 있는 소액재판
김재용 · 김종철 공저 | 신국판 | 312쪽 |
9,500원
술 한 잔 사겠다는 말에서 찾아보는 채권 · 채무
변환철(변호사) 지음 | 신국판 | 408쪽 | 13,000원
알기쉬운 부동산 세무 길라잡이
이건우(세무서 재산계장) 지음 | 신국판
400쪽 | 13,000원
알기쉬운 어음, 수표 길라잡이
변환철(변호사) 지음 | 신국판 | 328쪽 | 11,000원
제조물책임법
강동근(변호사) · 윤종성(검사) 공저 |
신국판 | 368쪽 | 13,000원
알기 쉬운 주5일근무에 따른 임금 · 연봉제 실무
문강분(공인노무사) 지음 | 4×6배판 변형
544쪽 | 35,000원

변호사 없이 당당히 이길 수 있는 형사소송
김대환 지음 | 신국판 | 304쪽 | 13,000원
변호사 없이 당당히 이길 수 있는 민사소송
김대환 지음 | 신국판 | 412쪽 | 14,500원
혼자서 해결할 수 있는 교통사고 Q&A
조명원(변호사) 지음 | 신국판 | 336쪽 |
12,000원
알기 쉬운 개인회생 · 파산 신청법
최재구(법무사) 지음 | 신국판 | 352쪽 |
13,000원
부동산 조세론
정태식 · 김예기 지음 | 4×6배판 변형
408쪽 | 33,000원

생활법률

부동산 생활법률의 기본지식
대한법률연구회 지음 | 김원중(변호사) 감수
신국판 | 480쪽 | 12,000원
고소장 · 내용증명 생활법률의 기본지식
하태웅(변호사) 지음 | 신국판 | 440쪽 |
12,000원
노동 관련 생활법률의 기본지식
남동희(공인노무사) 지음
신국판 | 528쪽 | 14,000원
외국인 근로자 생활법률의 기본지식
남동희(공인노무사) 지음
신국판 | 400쪽 | 12,000원
계약작성 생활법률의 기본지식
이상도(변호사) 지음 | 신국판 | 560쪽 | 14,500원
지적재산 생활법률의 기본지식
이상도(변호사) · 조의제(변리사) 공저
신국판 | 496쪽 | 14,000원
부당노동행위와 부당해고 생활법률의 기본지식
박영수(공인노무사) 지음 | 신국판
432쪽 | 14,000원
주택 · 상가임대차 생활법률의 기본지식
김운용(변호사) 지음 | 신국판 | 480쪽 | 14,000원
하도급거래 생활법률의 기본지식
김진흥(변호사) 지음 | 신국판 | 440쪽 | 14,000원
이혼소송과 재산분할 생활법률의 기본지식
박동섭(변호사) 지음 | 신국판 | 460쪽 | 14,000원
부동산등기 생활법률의 기본지식
정상태(법무사) 지음 | 신국판 | 456쪽 | 14,000원
기업경영 생활법률의 기본지식
안동섭(단국대 교수) 지음 | 신국판
466쪽 | 14,000원
교통사고 생활법률의 기본지식
박정무(변호사) · 전병찬 공저 | 신국판
480쪽 | 14,000원
소송서식 생활법률의 기본지식
김대환 지음 | 신국판 | 480쪽 | 14,000원
호적 · 가사소송 생활법률의 기본지식
정주수(법무사) 지음 | 신국판 | 516쪽 | 14,000원
상속과 세금 생활법률의 기본지식
박동섭(변호사) 지음 | 신국판 | 480쪽 | 14,000원
담보 · 보증 생활법률의 기본지식
류창호(법학박사) 지음 | 신국판 | 436쪽 | 14,000원
소비자보호 생활법률의 기본지식
김성천(법학박사) 지음 | 신국판 | 504쪽 | 15,000원
판결 · 공정증서 생활법률의 기본지식
정상태(법무사) 지음 | 신국판 | 312쪽 | 13,000원
산업재해보상보험 생활법률의 기본지식
정유석(공인노무사) 지음 | 신국판 | 384쪽 |
14,000원

명 상

명상으로 얻는 깨달음
달라이 라마 지음 | 지창영 옮김
국판 | 320쪽 | 9,000원

처 세

성공적인 삶을 추구하는 여성들에게
우먼파워
조안 커너 · 모이라 레이너 공저 | 지창영 옮김
신국판 | 352쪽 | 8,800원
聽 이익이 되는 말 話 손해가 되는 말
우메시마 미요 지음 | 정성호 옮김
신국판 | 304쪽 | 9,000원
성공하는 사람들의 화술테크닉
민영욱 지음 | 신국판 | 320쪽 | 9,500원
부자들의 생활습관 가난한 사람들의 생활
습관
다케우치 야스오 지음 | 홍영의 옮김
신국판 | 320쪽 | 9,800원
코끼리 귀를 당긴 원숭이-히딩크식 창의력
을 배우자
강충인 지음 | 신국판 | 208쪽 | 8,500원
성공하려면 유머와 위트로 무장하라
민영욱 지음 | 신국판 | 292쪽 | 9,500원
등소평의 오뚝이전략
조창남 편저 | 신국판 | 304쪽 | 9,500원
노무현 화술과 화법을 통한 이미지 변화
이현정 지음 신국판 | 320쪽 | 10,000원
성공하는 사람들의 토론의 법칙
민영욱 지음 | 신국판 | 280쪽 | 9,500원
사람은 칭찬을 먹고산다
민영욱 지음 | 신국판 | 268쪽 | 9,500원
사과의 기술
김농주 지음 | 국판변형 양장본 | 200쪽 | 10,000원
취업 경쟁력을 높여라
김농주 지음 | 신국판 | 280쪽 | 12,000원
유비쿼터스시대의 블루오션 전략
최양진 지음 | 신국판 | 248쪽 | 10,000원
나만의 블루오션 전략 - 화술편
민영욱 지음 | 신국판 | 254쪽 | 10,000원
희망의 씨앗을 뿌리는 20대를 위하여
우광균 지음 | 신국판 | 172쪽 | 8,000원
끌리는 사람이 되기위한 이미지 컨설팅
홍순아 지음 | 대국전판 | 194쪽 | 10,000원
글로벌 리더의 소통을 위한 스피치
민영욱 지음 | 신국판 | 329쪽 | 10,000원
오바마처럼 꿈에 미쳐라
정영순 지음 | 신국판 | 208쪽 | 9,500원
여자 30대, 내 생애 최고의 인생을 만들어라
정영순 지음 | 신국판 | 256쪽 | 11,500원
인맥의 달인을 넘어 인맥의 神이 되라
서필환 · 봉은희 지음 | 신국판 | 304쪽 | 12,000원
아임 파인(I'm Fine!)
오오카와 류우호오 지음 | 4×6판 | 152쪽 |
8,000원
미셸 오바마처럼 사랑하고 성공하라
정영순 지음 | 신국판 | 224쪽 | 10,000원
용기의 법
오오카와류우호오지음 | 국판 | 208쪽 | 10,000원
긍정의 신
김태광 지음 | 신국판 변형 | 230쪽 | 9,500원

위대한 결단
이채윤 지음 | 신국판 | 316쪽 | 15,000원
한국을 일으킬 비전 리더십
안의정 지음 | 신국판 | 340쪽 | 14,000원
하우 어바웃 유?
오오카와 류우호우 지음 | 신국판 변형
140쪽 | 9,000원
셀프 리더십의 긍정적 힘
배은경 지음 | 신국판 | 178쪽 | 12,000원
실천하라 정주영처럼
이채윤 지음 | 신국판 | 300쪽 | 12,000원
진실에 대한 깨달음
오오카와 류우호우 지음 | 신국판 변형
170쪽 | 9,500원
통하는 화술
민영욱 · 조영관 · 손이수 지음 | 신국판
264쪽 | 12,000원
마흔, 마음샘에서 찾은 논어
이이영 지음 | 신국판 | 294쪽 | 12,000원
겨자씨만한 역사, 세상을 열다
이이영 · 손완주 지음 | 신국판 | 304쪽 | 12,000원
취업 공부를 멈춰야 성공한다
신정수 지음 | 신국판 | 336쪽 | 15,000원
셀프 리더십 코칭
배은경 지음 | 신국판 | 180쪽 | 12,000원

어 학

2진법 영어
이상도 지음 | 4×6배판 변형 | 328쪽 | 13,000원
한 방으로 끝내는 영어
고제윤 지음 | 신국판 | 316쪽 | 9,800원
한 방으로 끝내는 영단어
김승엽 지음 | 김수경 · 카렌다 감수
4×6배판 변형 | 236쪽 | 9,800원
해도해도 안 되던 영어회화 하루에 30분씩
90일이면 끝낸다
Carrot Korea 편집부 지음 | 4×6배판 변형
260쪽 | 11,000원
바로 활용할 수 있는 기초생활영어
김수경 지음 | 신국판 | 240쪽 | 10,000원
바로 활용할 수 있는 비즈니스영어
김수경 지음 | 신국판 | 252쪽 | 10,000원
생존영어55
홍일록 지음 | 신국판 | 224쪽 | 8,500원
필수 여행영어회화
한현숙 지음 | 4×6판 변형 | 328쪽 | 7,000원
필수 여행일어회화
윤영자 지음 | 4×6판 변형 | 264쪽 | 6,500원
필수 여행중국어회화
이은진 지음 | 4×6판 변형 | 256쪽 | 7,000원
영어로 배우는 중국어
김승엽 지음 | 신국판 | 216쪽 | 9,000원
필수 여행스페인어회화
유연창 지음 | 4×6판 변형 | 288쪽 | 7,000원
바로 활용할 수 있는 홈스테이 영어
김형주 지음 | 신국판 | 184쪽 | 9,000원
필수 여행러시아어회화
이은수 지음 | 4×6판 변형 | 248쪽 | 7,500원
바로 활용할 수 있는 홈스테이 영어
김형주 지음 | 신국판 | 184쪽 | 9,000원
필수 여행러시아어회화
이은수 지음 | 4×6판 변형 | 248쪽 | 7,500원

영어 먹는 고양이 1
권혁천 지음 | 4×6배판 변형(올컬러)
164쪽 | 9,500원
영어 먹는 고양이 2
권혁천 지음 | 4×6배판 변형(올컬러)
152쪽 | 9,500원

여 행

우리 땅 우리 문화가 살아 숨쉬는 옛터
이형권 지음 | 대국전판(올컬러)
208쪽 | 9,500원
아름다운 산사
이형권 지음 | 대국전판(올컬러) | 208쪽 | 9,500원
맛과 멋이 있는 낭만의 카페
박성찬 지음 | 대국전판(올컬러) | 168쪽 | 9,900원
한국의 숨어 있는 아름다운 풍경
이종원 지음 | 대국전판(올컬러) | 208쪽 | 9,900원
사람이 있고 자연이 있는 아름다운 명산
박기성 지음 | 대국전판(올컬러) | 176쪽 | 12,000원
마음의 고향을 찾아가는 여행 포구
김인자 지음 | 대국전판(올컬러) | 224쪽 |
14,000원
생명이 살아 숨쉬는 한국의 아름다운 강
민병준 지음 | 대국전판(올컬러) | 168쪽 | 12,000원
틈나는 대로 세계여행
김재관 지음 | 4×6배판 변형(올컬러)
368쪽 | 20,000원
풍경 속을 걷는 즐거움 명상 산책
김인자 지음 | 대국전판(올컬러) | 224쪽 | 14,000원
3,3,7 세계여행
김인수 지음 | 4×6배판 변형(올컬러)
280쪽 | 12,900원
법정 스님의 발자취가 남겨진
아름다운 산사
박성찬 · 최애정 · 이성준 지음
신국판 변형(올컬러) | 176쪽 | 12,000원
자유인 김완수의 세계 자연경관 후보지 21
곳 탐방과 세계 7대 자연경관 견문록
김완수 지음 | 4×6배판(올컬러) | 368쪽 | 27,000원

레포츠

수열이의 브라질 축구 탐방 삼바 축구, 그
들은 강하다
이수열 지음 | 신국판 | 280쪽 | 8,500원
마라톤, 그 아름다운 도전을 향하여
빌 로저스 · 프리실라 웰치 · 조 헨더슨 공저
오인환 감수 | 지창영 옮김
4×6배판 | 320쪽 | 15,000원
인라인스케이팅 100%즐기기
임미숙 지음 | 4×6배판변형 | 172쪽 | 11,000원
스키 100% 즐기기
김동환 지음 | 4×6배판변형 | 184쪽 | 12,000원
태권도 총론
하웅의 지음 | 4×6배판 | 288쪽 | 15,000원
수영 100% 즐기기
김종만 지음 | 4×6배판 변형 | 248쪽 |
13,000원
건강을 위한 웰빙 걷기
이강옥 지음 | 대국전판 | 280쪽 | 10,000원
쉽고 즐겁게! 신나게! 배우는 재즈댄스
최재선 지음 | 4×6배판 변형 | 200쪽 |
12,000원

해양스포츠 카이트보딩
김남용 편저 | 신국판(올컬러) | 152쪽 |
18,000원

골 프

퍼팅 메커닉
이근택 지음 | 4×6배판 변형 | 192쪽 | 18,000원
아마골프 가이드
정영호 지음 | 4×6배판 변형 | 216쪽 | 12,000원
골프 100타 깨기
김준모 지음 | 4×6배판 변형 | 136쪽 | 10,000원
골프 90타 깨기
김광섭 지음 | 4×6배판 변형 | 148쪽 | 11,000원
KLPGA 최여진 프로의 센스 골프
최여진 지음 | 4×6배판 변형(올컬러)
192쪽 | 13,900원
KTPGA 김준모 프로의 파워 골프
김준모 지음 | 4×6배판 변형(올컬러)
192쪽 | 13,900원
골프 80타 깨기
오태훈 지음 | 4×6배판 변형 | 132쪽 | 10,000원
신나는 골프 세상
유응열 지음 | 4×6배판 변형(올컬러)
232쪽 | 16,000원
이신 프로의 더 퍼펙트
이신 지음 | 국배판 변형 | 336쪽 | 28,000원
주니어출신 박영진 프로의 주니어골프
박영진 지음 | 4×6배판 변형(올컬러)
164쪽 | 11,000원
골프손자병법
유응열 지음 | 4×6배판 변형(올컬러)
212쪽 | 16,000원
박영진 프로의 주말 골퍼 100타 깨기
박영진 지음 | 4×6배판 변형(올컬러)
160쪽 | 12,000원
10타 줄여주는 클럽 피팅
현세용 · 서주석 공저 | 4×6배판 변형
184쪽 | 15,000원
단기간에 싱글이 될 수 있는 원포인트 레슨
권용진 · 김준모 지음 | 4×6배판 변형(올컬러)
152쪽 | 12,500원
이신 프로의 더 퍼펙트 쇼트 게임
이신 지음 | 국배판 변형(올컬러) | 248쪽 |
20,000원
인체에 가장 잘 맞는 스킨 골프
박길석 지음 | 국배판 변형 양장본(올컬러)
312쪽 | 43,000원

여성 · 실용

결혼준비, 이제 놀이가 된다
김창규 · 김수경 · 김정철 지음
4×6배판 변형(올컬러) | 230쪽 | 13,000원

아 동

꿈도둑의 비밀
이소영 지음 | 신국판 | 136쪽 | 7,500원
바리온의 빛나는 돌
이소영 지음 | 신국판 | 144쪽 | 8,000원

마음을 읽는
소통형 리더가 되기 위한
리더십 공부

2019년 3월 31일 제1판 1쇄 발행

지은이 / 김길수
펴낸이 / 강선희
펴낸곳 / 가림출판사

등록 / 1992. 10. 6. 제 4-191호
주소 / 서울시 광진구 영화사로 83-1 영진빌딩 5층
대표전화 / 02)458-6451 팩스 / 02)458-6450
홈페이지 / www.galim.co.kr
이메일 / galim@galim.co.kr

값 14,000원

ISBN 978-89-7895-416-7 13320

이 책은 ≪홀리스틱 리더십≫을 제호 변경한 도서입니다.